AS TRÊS
PERGUNTAS

DON MIGUEL RUIZ
BARBARA EMRYS

AS TRÊS
PERGUNTAS

COMO DESCOBRIR E DOMINAR O PODER DENTRO DE VOCÊ

Tradução
Fernanda Mello

Academia

Copyright © Don Miguel Ruiz, 2018
Copyright © Barbara Emrys, 2018
Copyright © Editora Planeta do Brasil, 2020
Todos os direitos reservados.
Título original: *The Three Questions*

Preparação: Fernanda Guerriero Antunes
Revisão: Project Nine Editorial e Carmen T. S. Costa
Diagramação: Project Nine Editorial
Capa: adaptada do projeto original de Harper Collins por Gustavo Cardoso
Ilustração de capa: Nicholas Wilton

DADOS INTERNACIONAIS DE CATALOGAÇÃO NA PUBLICAÇÃO (CIP)
ANGÉLICA ILACQUA CRB-8/7057

Ruiz, Miguel, 1952-
  As três perguntas: como descobrir e dominar o poder dentro de você/ Don Miguel Ruiz, Barbara Emrys; tradução de Fernanda Mello. -- São Paulo: Planeta do Brasil, 2019.
  160 p.

  ISBN: 978-85-422-1865-7
  Título original: The Three Questions

  1. Técnicas de autoajuda 2. Espiritualidade 3. Autoconhecimento I. Título II. Emrys, Barbara III. Mello, Fernanda

19-2813   CDD 158.1

Índices para catálogo sistemático:
1. Técnicas de autoajuda

Ao escolher este livro, você está apoiando o manejo responsável das florestas do mundo

2023
Todos os direitos desta edição reservados à
EDITORA PLANETA DO BRASIL LTDA.
Rua Bela Cintra 986, 4º andar – Consolação
São Paulo – SP CEP 01415-002
www.planetadelivros.com.br
faleconosco@editoraplaneta.com.br

Esta obra é dedicada àqueles que escolheram ser os heróis de sua própria história. A todos os rebeldes pacíficos que desejam mudar seu mundo.

Para aqueles que se amam incondicionalmente e que permitem que o amor puro brilhe para o mundo. A todos que lideram com compaixão, que ousam agir com bondade e que não serão governados pelo medo irracional.

Este livro é dedicado a todas as mulheres e homens que agem com coragem e falam pelos que não podem falar por si mesmos. É escrito em homenagem àqueles que usam suas palavras para entregar mensagens de amor e respeito.

Com sinceros agradecimentos aos nossos leitores,
DON MIGUEL RUIZ E BARBARA EMRYS

SUMÁRIO

INTRODUÇÃO

1. As três pérolas da sabedoria 11
2. Abrindo a porta 15

PERGUNTE-SE: "QUEM SOU EU?"

3. A primeira pérola 27
4. A voz do *eu* 31
5. Uma mente, uma comunidade 43
6. A mente como governo 49
7. A justiça e o juiz 55
8. O comandante em chefe 63

PERGUNTE-SE: "O QUE É REAL?"

9. A segunda pérola 75
10. Vida sob tirania 81
11. Sair da prisão 89
12. O diplomata 93
13. Paz e sanidade 101

PERGUNTE-SE: "O QUE É O AMOR?"

14. A terceira pérola 111
15. O amor da sua vida 119
16. Amantes e amores 123
17. Amor pela humanidade 129
18. Medo e conhecimento 137
19. Paz em nosso tempo 147
20. Posfácio 157

INTRODUÇÃO

1

AS TRÊS PÉROLAS DA SABEDORIA

Havia muito tempo, em um dia chuvoso, um velho conduzia sua carroça por uma estrada rural. O caminho estava cheio de buracos, de modo que o percurso era difícil, e a chuva só piorava.

Quando a carroça mergulhou em um buraco particularmente profundo, uma roda traseira se quebrou. Acalmando o cavalo, o velho pulou na estrada lamacenta e começou a lutar com a roda da carroça. Logo percebeu que o buraco era muito profundo e que a roda era pesada demais para que ele conseguisse levantá-la. Enquanto estava ali, molhado e gelado, ouviu passos correndo em sua direção.

Um menino das redondezas estava a caminho de casa para o jantar quando viu a carroça quebrada do velho, a água fluindo em volta dela como um rio. O garoto era grande, forte e estava ávido por ajudar. Ele encontrou uma estaca caída e entrou até os joelhos no buraco enlameado para escorar a carroça. Então começou a consertar a roda.

À medida que trabalhava, o menino falou com o velho sobre seus desejos para o futuro. Ele entendia muito pouco do mundo, mas queria aprender. Queria descobrir quem ele era e encontrar respostas para os maiores mistérios da vida. Em breve seria um homem, e desejava saber mais sobre o amor. Disse que muitas vezes divagava a respeito das coisas maravilhosas que ainda estavam por vir.

"Na maioria dos dias", o menino riu, "não tenho certeza se estou sonhando ou se estou acordado!"

O garoto falava, e o velho ouvia em silêncio.

Em uma hora o serviço havia terminado. A roda foi colocada com segurança no lugar e a carroça estava de volta à estrada. O velho, cheio de gratidão, procurou nos bolsos por algumas moedas. Não encontrando nada para oferecer ao menino, perguntou-lhe se aceitaria três pérolas de sabedoria, garantindo-lhe que elas forneceriam mais riquezas do que quaisquer moedas. Enquanto o sol penetrava pelas agitadas e tempestuosas nuvens, o garoto sorriu. Ele sabia que não podia recusar a gratidão do homem, independentemente da maneira como fosse oferecida. E, afinal, tinha muito a aprender.

"Sim", respondeu educadamente o menino. "Fico realmente honrado pelo senhor querer compartilhar sua sabedoria comigo."

Então o velho se inclinou na direção dele e começou a falar.

"Para encontrar o seu caminho neste mundo, você só precisa responder a três perguntas", explicou. "Primeiro, você deve se perguntar: 'Quem sou eu?'. Você saberá quem você é quando souber quem você não é."

"Em segundo lugar, você deve se perguntar: 'O que é real?'. Você saberá o que é real quando aceitar o que não é real."

"Terceiro", concluiu o homem, "você deve se perguntar: 'O que é o amor?'. Você vai conhecer o amor quando aprender o que não é amor."

O velho ergueu o corpo, limpando os respingos de lama do casaco. O menino tirou o chapéu respeitosamente e expressou seu agradecimento. Ele observou o velho subir na carroça e assobiar para o cavalo. A carroça balançou, estremeceu e começou a chacoalhar pela estrada.

Quando o garoto se virou na direção de casa, onde o jantar o esperava, ele olhou para trás e viu a traseira da carroça desaparecer entre as sombras da noite.

2

ABRINDO A PORTA

Histórias simples nos convidam a refletir sobre a vida. De um jeito ou de outro, representam a história de todos. Se uma história é boa, tem o poder de inspirar perguntas e nos encorajar a buscar respostas. Se uma história é muito boa, pode ficar sob nossa pele e nos desafiar a enxergar a verdade. Pode abrir novas portas de percepção. Essas histórias nos deixam uma escolha: ser desafiados pela verdade ou fechar a porta e continuar seguindo por um caminho familiar.

Este livro é para os que estão dispostos a enxergar a verdade sobre si mesmos. É para aqueles determinados a questionar o que é real e a passar por portas desconhecidas.

A *vida* está ansiosa para começar uma nova conversa com você. Se você está disposto a ouvir e mudar, seu mundo pode ser transformado.

Nós, humanos, somos o que somos hoje por causa da maneira como nosso sistema nervoso respondeu à luz durante milhões de anos. Nosso cérebro se tornou intrincado, nossas habilidades são diversas e nossas sociedades, complexas. Certamente deixamos nossa marca neste planeta. E, no entanto, se nos perguntassem o que tínhamos a mostrar dos anos de evolução da humanidade, o que diríamos?

Falaríamos que estamos livres de preocupações e conflitos? Que finalmente entendemos como ser os melhores humanos que podemos ser? Seria maravilhoso afirmar que nossas crenças já não nos levam a fazer coisas terríveis. Seria ótimo dizer que nossas mentes já não travam guerras internas. Seria bom declarar que os humanos se tornaram sábios demais para se voltarem uns contra os outros. Seria bom dizer isso sobre a nossa espécie, mas não podemos – pelo menos, ainda não.

Em um mundo ideal, os seres humanos se dão bem uns com os outros em benefício próprio e em benefício da humanidade. Em uma comunidade ideal, as pessoas cooperam a fim de prosperarem, e apreciam sua boa sorte. Elas valorizam a vida e cuidam da terra que as nutre. Idealmente, respeitam a si mesmas e a todas as outras.

Em uma família ideal, as crianças são criadas para se sentirem seguras e valorizadas. Os pais são professores inspirados e protetores vigilantes. Os idosos continuam sendo produtivos. Grupos de pessoas formam sociedades, é claro, mas nenhuma sociedade tenta minar qualquer outra. Juntas, constroem comunidades maiores e, unidas, garantem o bem-estar de cada cidadão.

Neste mundo da nossa imaginação, os governos ainda podem existir. Um governo ideal conduz um país com respeito. Seus líderes são sábios e previdentes. O melhor congresso possível é aquele que legisla com consciência e compaixão. Suas leis são claras e justas – e as regras se aplicam a todos.

Nesse mundo ideal, as pessoas também conseguem se governar com justiça. O que quer dizer governar a nós mesmos? Significa que estamos no comando de nossos pensamentos e somos responsáveis por nossas ações. Nós nos recusamos a andar cegamente pela vida. Vemos exatamente o que é, e não apenas o que preferimos ver. Não permitimos que o passado assuma o comando do presente. Vemos nossa realidade pessoal como um grande artista faria – com um olhar para a beleza e o equilíbrio.

Em um mundo ideal, não nos punimos repetidamente por um erro. Não nos entregamos à autopiedade. Não manipulamos emoções. Não fazemos fofocas nem buscamos dramas.

Em um mundo ideal, não temos vontade de julgar ou culpar. Não somos derrotados pela culpa e pela vergonha, nem infligimos vergonha a qualquer outra pessoa. Em outras palavras, nos governamos da mesma maneira que queremos ser governados: com respeito.

Há muito mais a dizer sobre esse mundo ideal, mas é importante considerar por que ele não existe de verdade para a maioria de nós. Ajudar o mundo a ir na direção de sua expressão ideal é uma tarefa muito grande para um pequeno livro, mas podemos dar os primeiros passos por conta própria. Tudo que construímos juntos como seres humanos começa com um pouco de imaginação. Podemos acreditar que somos vítimas trágicas das circunstâncias, ou, com imaginação, adotar outra perspectiva e ver de que forma tão indelicada nos tratamos. Com todos os seus pensamentos e julgamentos, a mente pode parecer nossa pior adversária, mas, se a imaginarmos de forma diferente, podemos torná-la nossa aliada. Ao modificar a maneira como nossa mente trabalha, é possível começar a mudar nosso mundo.

Todos nós temos medos que não admitimos a nós mesmos, e nem sempre temos certeza de como superá-los. Precisamos de amor, mas não estamos convencidos de que o mereçamos. Queremos nos amar, mas não sabemos como. Em um ou outro grau, há caos e confusão em cada um de nós. As ideias tomam conta, e as opiniões intimidam. Ficamos envolvidos em nosso próprio drama e levamos isso tudo muito a sério. Desempenhamos papéis que não refletem a verdade do que somos.

Por que fazemos isso a nós mesmos? A resposta é que nos mostraram como, e nos tornamos mestres nisso.

Todos nascem como seres autênticos, mas é difícil permanecer autêntico em um mundo em que as crenças já nos foram atribuídas. Quando bebês e crianças, nos dizem quem somos, como devemos nos comportar e como reagir ao que percebemos. É assim que famílias e culturas funcionam de maneira mais eficaz e que as crianças sobrevivem dentro de suas culturas. No entanto, isso não significa que essas lições estejam arraigadas na realidade. Pode-se dizer que nosso treinamento inicial nos ensina a nos enganar. Aprendemos a mentir.

A *vida* é a verdade, e só existe a *vida*. Ao usar palavras para descrever a verdade, automaticamente a distorcemos. Dessa forma, uma mentira é, de maneira simples, uma distorção da verdade. Pode não haver intenção maliciosa, porém, ainda assim, usamos mentiras contra nós mesmos e contra os outros.

Todos nós sabemos como crianças pequenas dizem as coisas mais engraçadas – engraçadas porque falam a verdade como a percebem, sem julgamento. Percepções honestas, claramente faladas, soam bastante chocantes aos ouvidos de adultos. Por quê? Em muitas culturas, afirmar uma verdade óbvia é julgado como indelicado. Honestidade e autenticidade são, às vezes, consideradas qualidades infantis. De vez em quando, podem até ser sinônimo de loucura. A maioria de nós aprendeu a mentir a respeito do que vemos e de como nos sentimos. Quando chegamos à idade adulta, aprendemos a acreditar em nossas mentiras.

Ao crescer, desenvolvemos mentes fortes, no entanto as mentes podem se corromper. Formamos opiniões fortes, mas elas não representam a verdade. Respostas emocionais são corrompidas quando governadas por opiniões e crenças. Fomos criados por uma força amorosa, contudo aprendemos a corromper até o amor.

Corrupção soa como um crime intencional, porém as pessoas não vêm ao mundo com intenções corruptas. Nascemos famintos pela verdade e ansiosos por amar. A corrupção acontece quando colocamos nossa fé em pensamentos e ideias em vez de naquilo que percebemos. Acreditamos na maior parte do que nos é dito e, no processo, perdemos nossa conexão com a *vida* – com a verdade. Criamos regras e estruturas que se ajustam ao que nos foi ensinado a acreditar.

O amor é um exemplo de como nossos impulsos naturais podem ser envenenados por ideias. A muitos de nós foi ensinado que o amor é condicional, que vem com regras específicas de compromisso. Para simplificar, o amor é corrompido pelo *se*.

Muitas vezes não ouvimos o *se* falado em voz alta, mas o sentimos com bastante frequência, mesmo entre pessoas dedicadas umas às outras.

- Vou te amar *se* você fizer o que eu quero.
- Vou te amar *se* você ficar ao meu lado, não importa o que aconteça.
- Vou te amar *se* você fizer isso ou acreditar naquilo.
- Vou deixar de te amar *se* você me envergonhar, discordar de mim ou me deixar...

Surpreendentemente, dizemos coisas como essas àqueles com os quais mais nos importamos, assim como as dizemos a nós mesmos. Sim, estabelecemos condições para nos amar – condições que muitas vezes são rigorosas demais para serem atendidas. O verdadeiro amor vem sem condições. E, no entanto, não é assim que ensinam à maioria de nós a oferecer amor e a recebê-lo.

Quando pensamos no amor como algo condicional, ele se torna outra coisa, uma coisa corrompida. É claro que essa espécie de corrupção pode ser reparada, porque começa no mundo virtual da mente. A realidade virtual é um reflexo, uma interpretação do que é real. A mente nos dá uma impressão de tudo que podemos tocar e ver, mas é uma impressão. Ideias não são feitas de matéria. Crenças não fazem parte da nossa composição genética. A mente não é real, e o mundo fantasioso que ela cria não existe.

Então, o que é a mente, e o que ela faz?

A mente é uma função do cérebro que transforma percepção em linguagem. As formas com as quais descrevemos a realidade são únicas para cada um de nós. Você tem o seu caminho; eu tenho o meu. A diferença depende de como nosso cérebro funciona, é claro. Depende também de como nos ensinaram a perceber o mundo.

Quando vemos uma cena idílica – como uma cadeia de montanhas, prados verdejantes e extensões abertas de vida selvagem –, alguns de nós pensam no paraíso. Reagimos com excitação e prazer. Outros, vendo o mesmo cenário, imaginam extrema dificuldade e solidão e reagem com medo. Onde uns veem tranquilidade, outros veem perturbação. Se nos ensinaram a ter medo, provavelmente continuaremos com medo. Se acreditarmos que o desconhecido é perigoso, evitaremos novas experiências.

Ensinaram-nos a interpretar o que vemos. Disseram-nos no que acreditar, e acreditamos no que nos disseram. Somos guiados pela opinião pública e privada desde que nascemos. A realidade é feita de impressões e experiências às quais damos significado e valor pessoal. Isso muda constantemente, é claro, já que os eventos continuam se transformando. Nossa percepção pessoal da realidade é afetada por nossas opiniões e nossos medos.

Muitas crenças encorajam o medo. Muitas crenças são influenciadas pelo medo. O medo teve um grande efeito na forma como aprendemos a ver o mundo. O medo físico é natural e essencial a nossa sobrevivência, mas é importante lembrar que o medo irracional não é. É irracional ter medo do que não existe. Na verdade, isso pode causar danos reais. E, no entanto, aprendemos a deixar o medo irracional moldar nossa realidade. Aprendemos a reagir emocionalmente, assim como outras pessoas, e a temer o que apenas imaginamos.

Essas reações levaram tempo e prática para se aperfeiçoar. Seguimos as regras de nossas famílias e culturas. Nossos pais e professores nos mostraram como nos comportar em um mundo de humanos, e levamos essas lições conosco para a vida adulta. Agora nos dizemos como nos comportar da mesma forma. Seguimos as regras da sociedade, mas aplicamos a maioria delas em nossa própria vida. Nós nos governamos por meio de leis feitas por nós mesmos, julgamentos pessoais e intimidação mental.

Quando crianças, observamos como nossa família e nossa comunidade local eram governadas. Seguimos os protocolos da escola, da igreja e da diretoria. Ir contra as regras geralmente resultava em perda de respeito entre nossos pares. Às vezes as perdas eram muito maiores. Obedecemos às regras de nossos governos municipais e estaduais e às leis do governo de nossa nação. Quebrá-las significava pagar penalidades maiores. Tudo isso influenciou a forma como nossa mente funciona, e então é possível dizer que o modo como nos governamos reflete o modo como as coisas são governadas no mundo.

Não surpreende que todos nós tenhamos um pequeno governo operando em nossa cabeça. A mente é o governo que define as regras, e o corpo físico as segue. Estamos dispostos a pagar penalidades reais por violar as regras que estabelecemos – e, muitas vezes, fazemos com que outra pessoa também pague. Como em grande parte dos governos, a mente tenta impor suas leis a outros corpos.

Quando estamos cientes da maneira como a mente funciona, podemos alterar a forma como nos governamos. Ao constatarmos como nosso pequeno governo funciona, podemos mudá-lo. É possível alterar nossas próprias leis. Seja o que for que imaginemos para o nosso próprio bem, podemos criar. Temos condições de nos tornar melhores zeladores de nosso corpo e nos permitir mais liberdade de expressão. Podemos acabar com as rigorosas penalidades que infligimos a nós mesmos, as quais impossibilitam a experiência do amor que merecemos.

Todos nós queremos ser os melhores humanos que podemos ser. Queremos contribuir para nossa evolução pessoal. Queremos saber o que estamos fazendo de errado e o que poderíamos fazer melhor. Queremos que nossas perguntas secretas sejam respondidas e ver como as respostas podem ser aplicadas à nossa própria vida. Gostaríamos de descobrir o que é verdade.

Todos podemos usar algumas pérolas de sabedoria. A sabedoria melhora nosso relacionamento com a *vida*, com a verdade, permitindo que superemos nossos medos e nossas crenças comuns. Isso nos traz a determinação de passar por uma nova porta, e depois por outra.

A jornada começa com três questões essenciais:

- Quem sou eu?
- O que é real?
- O que é o amor?

**PERGUNTE-SE:
"QUEM SOU EU?"**

3

A PRIMEIRA PÉROLA

Quem sou eu?
Você saberá quem você é quando souber quem você não é.

Achamos que sabemos tudo que há para saber sobre nós mesmos. Você pode achar que é confiável, otimista ou melancólico. Provavelmente decidiu que é introvertido ou a alegria da festa. Em certas ocasiões enfrentamos algum problema em nossa vida, um trauma ou uma perda. Ao nos ver em ação durante uma crise, às vezes, ficamos chocados. Pode ser que nunca tenhamos imaginado que poderíamos ser tão fortes. Ou talvez estejamos mais fracos do que esperávamos, ou mais medrosos. Chega um momento na vida da maioria de nós em que estamos prontos para admitir que não somos quem pensávamos ser.

Nesses casos, talvez os valores que defendemos não sejam refletidos em nossas ações. Estamos em conflito com as pessoas ao nosso redor. Nossa mente está em conflito com nosso coração. Culpamos ou atacamos. Gritamos com nossos filhos. Insultamos um amigo. "De onde veio isso?", nos perguntamos. Confusos e desanimados, começamos a nos perguntar o que nos move a fazer as coisas que fazemos. Queríamos a verdade, mas parece que perdemos algo em nossa busca.

Perguntar-se "Quem sou eu?" significa dar o primeiro passo de volta à autenticidade, ou verdade. Nosso instinto é nos apegar à imagem que temos de nós mesmos, o que torna quaisquer novas descobertas impossíveis. Questionar quem somos nos possibilita a chance de derrubar alguns muros – algumas crenças teimosas – e nos reconectar à *vida*.

Grande parte das histórias sobre quem você é vem daquilo que seus pais lhe disseram – do que você gosta, do que desgosta ou no que é bom. Você ouviu outras opiniões de irmãos, irmãs e amigos de infância. À medida que cresceu, obteve descrições de si mesmo de todos que conheceu. "Você é o inteligente", podem ter dito. "Você é o rebelde", ou "Nossa, você é igual ao seu pai". As pessoas ainda gostam de imaginar você à maneira delas. "Você é tão teimoso." "Você não sabe amar." "Você nunca corre riscos."

Até agora, você formou uma opinião sólida de si mesmo, mas considere no que essa opinião se baseia.

Desde que nasceu, ouviu pessoas diferentes o descreverem de maneiras diferentes. Cada um vê o que quer ver. E você complementou as histórias de outras pessoas com histórias próprias. Quando conhece alguém, fala sobre sua vida – eventos passados e esperanças para o futuro. Conta as mesmas histórias, mais ou menos da mesma maneira, apresentando-se como personagem principal. Como esse personagem surgiu para defini-lo? Primeiro vamos observar como contamos a nossa história, e então podemos ver como o personagem principal se descreve e conduz todas as nossas ações.

Somos criaturas contadoras de histórias. Contar uma história é uma boa maneira de se conectar aos outros. Grande parte de nós não pensa em si mesma como tecedora de mitos. Nós, porém, nunca paramos de contar a história de nossa vida. Recontamos os eventos de cada dia à medida que se desenrolam, para quem quiser ouvir. Contamos histórias para nós mesmos, como se para explicar o que já experimentamos. Falamos nostalgicamente sobre o ontem e especulamos a respeito do amanhã. Narramos algumas histórias com frequência, inventando interpretações dramáticas e novas reviravoltas. E por que não? Contar histórias é o que os humanos fazem.

É provável que você não acredite mais em contos de fadas, mas acredite na história de sua vida. A maioria de nós deposita muita fé na própria versão da realidade. Falamos sobre os acontecimentos de nossa vida com reverência, descrevendo-os em detalhes cuidadosos. Apresentamos uma performance para um público de um ou de muitos. Se parássemos para nos ouvir, também perceberíamos o quão magistralmente jogamos com as emoções. Se reservássemos tempo para escrever a história de nossa vida, destacando seus momentos mais importantes, veríamos como é fácil cair em nossas próprias armadilhas emocionais. No entanto, se escrevêssemos tudo uma segunda vez e uma terceira, esses momentos acabariam perdendo o poder de nos mover. Começaríamos a ver o quanto estamos moldando nossa história para enfatizar o drama.

Mesmo as melhores histórias perdem seu impacto emocional após a primeira narração. Quando finalmente conseguimos desarmar os gatilhos emocionais de nossa própria história, podemos nos lembrar de qualquer evento sem a usual autopiedade ou prepotência. Podemos falar sobre os problemas de hoje e os contratempos de ontem sem a necessidade de simpatia. Se alguma vez lemos a nossa história em voz alta, começamos a ver tudo como uma obra de ficção, uma obra de arte. E percebemos que até nossas melhores histórias não contam a verdade sobre nós. Então, se é assim, *quem somos nós?*

Como o velho da nossa pequena parábola sugeriu, seria sábio primeiro prestar atenção no que não somos.

4

A VOZ DO *EU*

Desde que consegue se lembrar, você deu ao personagem principal da sua história o poder para determinar sua realidade. Ele tem autoridade para falar, pensar e tomar decisões que afetam seu corpo e seu mundo. Ele lhe diz no que acreditar e como investir suas crenças com energia emocional. Você chama o personagem principal da sua história atual de *eu*.

Vamos tirar um minuto para entender o que a palavra *eu* significa nesse contexto. *Eu* é a pessoa que você aceita como seu eu real. Você fala sobre si mesmo o tempo todo, certo? Você diz *eu*, *meu* e *mim* inúmeras vezes durante qualquer conversa. Por intermédio do *eu*, você diz coisas como: "Ei, *eu* me importo com isso!", ou "Você está ouvindo o que *eu* falo?", ou "O que estão dizendo sobre *mim*?". O *eu* é tudo que você acredita que você é. O *eu* é todo relacionado ao personagem que você criou com base em crenças básicas e inúmeras experiências.

A palavra *eu*, ou sua contraparte em qualquer idioma, é um pronome simples – e, como toda palavra na língua que falamos, não tem sentido até que concordemos com um significado. A diferença é que o *eu* vem com muita bagagem: memórias passadas, julgamentos e suposições automáticas. Colocamos muita fé em nossa identidade e esperamos que isso importe para outras pessoas. Quem achamos que somos vira uma mitologia. Compartilhamos o mito do *eu* com velhos amigos e novos conhecidos. Contamos histórias fascinantes sobre nós mesmos. Enviamos fotos para confirmar nossas histórias. Celebramos o *eu* de muitas maneiras.

O *eu* sempre se refere à pessoa que fala, mas não consideramos muito quem pode ser. Dizemos: "Olhe para mim!", indicando que queremos que seja dada atenção a esse ser humano – mas também a esse processo de pensamento, essas frustrações, essas expectativas. Sentimos simpatia por nós mesmos, mas quem escuta "olhe para mim!" poderia evocar outras emoções. Nossa ideia de quem somos não é a ideia de quem somos para todos. Pode não ser a ideia de ninguém.

O *eu* não se refere ao corpo que ocupamos. O *eu* não descreve a energia que se move através de nós. O *eu* não é uma coisa primordial, porque não inventamos um "eu" até aprendermos um idioma. O *eu* não existia até termos começado a ver o mundo por meio de símbolos e seus significados. Em resumo, o *eu* não se refere a nada real. Diz respeito a uma imagem, uma ideia que temos de nós mesmos e que tentamos colocar em palavras. É claro que as palavras que usamos para nos descrever mudam o tempo todo, porque vemos as coisas de maneira diferente a cada situação em mudança. Quem pensamos que somos evoluiu muito desde a infância, quando passamos a falar e pensar. Quem imaginamos ser ainda muda – com o tempo, com alterações de humor, e com o feedback que recebemos das pessoas com quem nos importamos.

Nossas impressões mudam, mas cada um adota um mito geral ou uma crença falsa sobre si mesmo. O *eu* é uma mitologia pessoal, um conjunto de histórias que repetimos para nós mesmos e aceitamos como verdade. Como crianças com seus super-heróis, acreditamos no *eu*. Envoltos em nossa mitologia, nos sentimos confiantes para enfrentar o mundo.

O *eu* não é o que você realmente é. Você é *vida*, ou a energia que fez de você um ser físico. A *vida* corre por seu corpo e o faz conseguir se mover, amar, sentir. A energia da *vida* criou seu cérebro milagroso. Fez uma mente pensante possível e deu voz ao seu personagem principal. *Vida* é tudo que é visível e invisível. Apenas a *vida* existe.

Há apenas *vida* – e infinitos pontos de vista. Tudo criado pela *vida* tem um ponto de vista, e seu corpo é um deles. Sua mente também o é. O corpo humano se desenvolve de acordo com sua programação biológica, mas a mente evolui conscientemente, por meio da atenção e da ação deliberada. A mente é o que pensamos que somos, até decidirmos o contrário. A voz que fala pela mente somos nós até reconhecermos que não é a nossa verdade.

De todas as coisas que podemos realizar como humanos, esse tipo de autoconsciência é a que traz mais recompensas. Pode orientar a evolução do personagem principal. O *eu* responde ao seu nome e conhece sua história. O *eu* está ciente do seu ambiente físico, e o *eu* pode também se tornar consciente de si mesmo.

O crescimento pessoal fica complicado quando tentamos nos distanciar do personagem que criamos. Através do *eu*, descrevemos a nós mesmos e ao mundo. Se afirmarmos ser a vítima da voz em nossa cabeça, seremos a vítima em todas as situações. Se negarmos o poder que temos para mudar a voz do *eu*, como novas portas de consciência podem ser abertas? Como podemos viver sem medo dentro do sonho da humanidade, em que há mais de 7 bilhões de *eus* – todos com opiniões próprias e exigindo ser ouvidos?

A realidade é criação pessoal de cada um, então o mesmo acontece com a sua realidade. Os julgamentos em sua cabeça são o resultado de suas crenças e experiências passadas. Se você se sente oprimido pelos próprios pensamentos, é hora de assumir o comando deles. Será que o *eu* tem de ser um grande juiz ou uma vítima constante? Não. A maioria de nós quer um relacionamento mais próximo com a verdade, e todos nós queremos um pouco de paz de espírito. Queremos ser saudáveis, mas muitas vezes nossos julgamentos nos deixam doentes. Queremos ser espiritualmente conscientes, mas nossas crenças nos mantêm fascinados.

Se dedicarmos um tempo a ouvir o que pensamos e dizemos, temos a chance de ser mais honestos conosco.

O comportamento segue a crença, e qualquer crença pode ser modificada. Se desafiarmos nossas próprias opiniões, podemos começar a encontrar o caminho de volta à autenticidade. Temos de estar sempre certos? Realmente precisamos ter a última palavra? Se nossas ações não representam o tipo de pessoa que queremos ser, podemos seguir novos cursos de ação. Podemos mudar.

Faz sentido que quanto mais investirmos em nossa autoimagem, mais difícil será mudar. Por isso, não devemos usar o personagem principal da nossa história como uma desculpa para nos sentirmos vitimizados ou para nos enganarmos. A verdade pode falar por meio da mente, assim como se move através dos nervos e da carne. A mente pode escolher servir a verdade, e não as histórias. A energia da vida usa as ferramentas disponíveis para criar um corpo, um pensamento, ou um sonho. Um corpo saudável é um canal maravilhoso para energia, e uma mente consciente é o segredo para fazer a nossa realidade funcionar para nós.

Seu corpo é real, mas o *eu* é fictício. E ainda assim o *eu* está comandando o show. Quantas vezes você defendeu suas ações e não entendeu o motivo? Às vezes, todos nós nos arrependemos de fazer coisas que consideramos indesculpáveis ou de dizer coisas que realmente não queremos dizer. Gostamos de falar: "Sou apenas humano", mas não é nossa humanidade que causa o problema. Portanto, é natural se perguntar quem de fato está no comando. "Quem sou eu?", nós nos perguntamos, não esperando realmente uma resposta. Ninguém para e pergunta: "Quem *não* sou?", e é aí que temos de começar.

Esteja consciente de si mesmo como energia, e tudo mudará. Eis como funciona. Você já não é a vítima de suas crenças; você é o criador. Você é o artista. Você também é a pintura — a tela que é a sua realidade. Visualize-se pegando um pincel e pintando uma figura que se parece com você. Imagine fazer isso continuamente pelo resto da vida. De modo diferente da maioria das figuras em uma pintura, no entanto, esta tem um cérebro. Tem um cérebro com uma mente que dá sentido ao que percebe. Funciona lindamente, mas não está consciente de que existe um artista. Há muitas outras figuras nessa pintura, mas elas também não estão conscientes do artista. Isso torna inevitável que dependam umas das outras para o conhecimento. Elas reagem e interagem umas com as outras. Aprendem umas com as outras.

Todos os dias o cenário muda. A cada instante há mudanças sutis ocorrendo com o principal ponto focal do pintor. A figura em si está ganhando vida ao seu toque. Você não só tem cores e pincéis para trabalhar, mas também pode fazer escolhas por meio desse personagem. Pode trabalhar enquanto a *vida* trabalha, proporcionando oportunidades constantes de crescimento, de modo que a figura principal se adapte bem a um cenário em constante mudança. Você pode habilmente guiar o *eu* para a consciência.

Algumas pessoas se atrevem a olhar para dentro. Dedicam um tempo a ouvir os próprios pensamentos e refletir sobre as próprias ações. Fazem perguntas sobre si mesmas. "Sou realmente esse tipo de pessoa?" "Esses sentimentos são genuínos?" "Se eu soubesse que tinha uma escolha, teria agido da mesma maneira?" Percebem-se no meio da reação e a modificam. Encontram equilíbrio emocional. É o que significa estar presente. É assim que nos tornamos mais saudáveis em mente e espírito. Ao observar, todos podemos aprender. Ao modificar a voz em nossa cabeça, temos chance de crescer com sabedoria.

Há quem pare de acreditar completamente nos próprios pensamentos. Isso é importante, porque, uma vez que a voz em nossa cabeça perde autoridade, ela se cala. Podemos observar eventos e reagir genuinamente. Estamos acostumados a fazê-lo da forma esperada. Estamos acostumados a ver as coisas como nos ensinaram a vê-las – e como preferimos vê-las. Uma vez que paramos de mentir para nós mesmos, tudo que resta é verdade. Tudo que resta é autenticidade, uma coisa que perdemos em nossa narrativa.

Ao longo da história humana, as pessoas vêm se perguntando, questionando, buscando. Algumas delas mudaram o mundo – não apenas o próprio mundo, mas todo o sonho da humanidade. Começam duvidando do que sabem. Fazem uma pergunta, depois outra. Talvez consultem homens e mulheres mais sábios. Logo, começam a ouvir o personagem principal de sua própria história. Há uma voz que fala claramente, e só para elas. O que diz, e quanto de sua mensagem é verdadeira? No que se pode acreditar disso? Aliás, qual é a verdade, o que é real?

Temos algumas ferramentas incríveis para trabalhar quando se trata de resolver o mistério de quem somos. A primeira ferramenta é o *poder da atenção*. Nossa atenção é o que torna possível perceber e aprender. O som do nosso nome atrai nossa atenção, uma reação que aprendemos na infância. A atenção traz todas as outras faculdades para a cena – olhamos, ouvimos, respondemos.

Recebemos informações e as processamos. E, chamando a atenção de outra pessoa, aprendemos a transmitir informação para o outro e para o mundo.

No entanto, ao longo da vida, dominamos a arte do sonambulismo. Não achamos que precisamos prestar atenção, porque temos certeza de que sabemos o que acontece ao nosso redor. Nossas respostas para tudo se tornaram previsíveis. Nosso pensamento é automático, e automaticamente assumimos que sabemos o que os outros estão pensando. É seguro dizer que nossa atenção foi enfraquecida pela negligência. E se redescobríssemos seu incrível poder? Teríamos mentes ágeis e flexíveis quando os eventos mudassem – e a mudança é inevitável.

Não há necessidade de ser esmagado por expectativas fracassadas. Se usássemos nossos sentidos para coletar informações reais, não seríamos tão iludidos pela vida. Se realmente escutássemos – não só o que as pessoas dizem, mas também o que nos dizemos em momentos de silêncio –, teríamos muito mais empatia com os outros e mostraríamos compaixão por nós mesmos. Em vez disso, fazemos suposições e incentivamos o mal-entendido. Fortalecer a atenção pode parecer um exercício no começo, mas as recompensas vêm rapidamente. O cérebro responde com avidez a novos desafios. Veja, ouça e observe sem julgamento. Perceba como suas respostas emocionais se tornam mais honestas sem uma história. A atenção pode levar à consciência total nos momentos preciosos da vida.

A segunda ferramenta é a *memória*. A memória é armazenada na matéria (nosso cérebro) da mesma forma que a música é armazenada em um CD. Conseguimos armazenar todas as memórias de uma vida em um só cérebro, mas isso não as torna reais. Guardamos impressões de coisas, pessoas e acontecimentos – mas, como todo cérebro percebe à sua maneira, até irmãos se lembram de acontecimentos da infância de jeitos diferentes. A memória ajuda a criar uma impressão da realidade, mas as impressões não são o mesmo que a verdade. Confiamos muito na memória para nos dizer a verdade. Deixamos que desvie nossa atenção do momento presente e nos arraste ao passado. Frequentemente utilizamos a memória contra nós mesmos, mas temos o poder de usá-la de um jeito diferente. Podemos deixá-la nos iluminar.

Assim como a memória desempenhou um papel fundamental em nosso desenvolvimento inicial, ela pode nos guiar em nossa transformação adulta. Na infância, assistimos a nossos pais; ouvimos e imitamos. Tudo que observamos se tornou parte do nosso padrão de comportamento. Tentamos andar, caímos e tentamos novamente. Aprendemos a evitar a dor e a nos mover em direção ao prazer. E, agora, quando queremos mudar alguns padrões desagradáveis? Por que não fazemos todo o possível para cuidar do nosso corpo físico e do nosso bem-estar emocional? Sabemos como é perder a cabeça e nos arrepender. É horrível. Sabemos o que a vergonha e a culpa nos fazem sentir e, ainda assim, as convidamos a entrar. A memória pode nos servir em nossos esforços para despertar e resistir às respostas automáticas. A memória pode nos afastar de hábitos abusivos, encorajando-nos a ficar de pé e seguir em frente com autorrespeito.

A terceira e melhor ferramenta é a *imaginação*. A imaginação é nosso próprio tipo de superpotência. Imaginamos algo e depois o tornamos real. De fato, imaginando uma situação maravilhosa, o corpo se sente confortado e energizado. Podemos também imaginar acontecimentos dolorosos e consequências terríveis. Como consequência, produzimos medo no corpo físico e espalhamos o medo para outros corpos. Imaginamos o futuro e apagamos o presente. Imaginação é poder, com certeza; mas, como todo poder, pode ser corrompido.

Agora mesmo podemos praticar usando a imaginação de uma forma valiosa. É possível voltar a atenção para a excitante tarefa de nos tornarmos mais conscientes. É possível usar a memória da maneira como deveria – para nos impedir de repetir erros do passado. Podemos imaginar coisas que nunca tentamos imaginar. É possível duvidar do que sabemos e deixar partirem histórias conhecidas. A mente exerce enorme influência. Ela desenvolveu hábitos ao longo do tempo, mas esses hábitos estão sujeitos a mudança. Usando as ferramentas que nos são disponíveis, podemos acalmar o caos interior e encontrar a paz em nosso mundo virtual.

Você não é quem pensa que é. Obviamente, você não é a criança que era aos 4 anos de idade, que lutava com medos não verbalizados. Não é o adolescente desajeitado, o novato no trabalho ou o jovem empreendedor. Você não é alguém importante ou o filho favorito da sua mãe. Você não é o personagem principal da sua história ou da história de qualquer outra pessoa, independentemente de quanto tempo você desempenhou esses papéis. E não é realmente aquele que você chama de *eu*, que tenta falar pelo seu corpo físico. Você não é a sua mente ou o conjunto de leis que a mente se esforça tanto para impor. Ela criou uma força governamental inteira dessas leis, mas não é isso que você é.

Você não é realmente o pequeno governo em sua cabeça, mas suas leis influenciam suas ações e reações. Às vezes esse governo parece tolerante; às vezes é cego e implacável. De qualquer forma, o *eu* está operando como seu comandante e chefe. Agora seria um bom momento para decidir que tipo de líder o *eu* deveria ser. Agora é um bom momento para dar uma olhada em sua criação e fazer mudanças inspiradas.

Todos nós nascemos para aprender, crescer e nos tornar seres humanos conscientes. Era nossa intenção ser o melhor que poderíamos ser. Nós nos distraímos em algum lugar pelo caminho. Nossas intenções saíram dos trilhos. Esquecemos o que é ser autêntico. Pode parecer impossível escapar do nosso sistema de punições e recompensas, mas isso não é verdade. Se quisermos, podemos derrubar toda a estrutura.

É interessante ver como cada um de nós cria uma realidade pessoal. Também é interessante ver até onde vamos para defender essa realidade. Em vez de defendê-la, podemos fazer melhor. São necessários alguns *insights* básicos para se fazer uma revolução. Primeiro, é importante ver como o sistema foi colocado em prática. É útil observar como chegamos até aqui, onde quer que estejamos, e o que podemos fazer para mudar nosso mundo. Podemos explorar formas de transformar quem está descrevendo esse mundo para nós.

Consciência é a capacidade de enxergar as coisas como elas são, e nunca é tarde demais para abrir os olhos.

5

UMA MENTE, UMA COMUNIDADE

Para entender um pouco melhor a mente que governa, vamos primeiro olhar para as formas pelas quais fomos governados durante nossa vida. Cada um de nós nasceu em uma vasta comunidade chamada humanidade. Ao longo de muitos milhares de anos, os humanos criaram grupos, ou civilizações, em todo o planeta. Criamos grupos para sobreviver. Concordamos com certas regras – leis escritas ou costumes rituais – para que a ordem pudesse ser mantida nesses grupos. Estabelecemos órgãos governamentais compostos de homens e mulheres respeitados. Criamos cidades e nações, todas administradas pelo próprio governo. Cada nação é composta de órgãos governamentais menores, e tudo começa com a família.

Uma família é sua pequena nação, tradicionalmente composta de um homem, uma mulher e seus filhos. Uma família não pode ser definida de uma forma única, é claro – pois é constituída quando indivíduos de diferentes gêneros e idades se reúnem para prover o bem-estar e a segurança do grupo. O grupo pode ser constituído por duas pessoas, uma dúzia delas ou muito mais. Juntas, elas criam um lar, uma extensão de si mesmas. Cada família é regulada pelo próprio governo. As famílias estabelecem regras de conduta, que ajudam a manter a harmonia no grupo: "Trabalhem duro", "Cuidem uns dos outros", "Respeitem os mais velhos". Elas também criam punições para quem quebrar essas regras. O chefe de uma família toma decisões importantes, definindo as regras e aplicando-as.

Um dos pais pode ceder autoridade ao outro, ou ambos os pais podem dividir igualmente o poder, formando o governo dentro da família. Você e eu nascemos em diferentes famílias e crescemos em diferentes lares. As regras eram provavelmente diferentes, assim como as punições por mau comportamento, mas nós dois fomos domesticados usando um sistema de punições e recompensas. Desde que éramos crianças, aprendemos que havia um preço a pagar pela rebeldia. Quem serviu como chefe à família impôs as regras, usando o poder da autoridade.

É claro que os responsáveis tinham outras formas de nos persuadir. Podem ter aplicado punições físicas ou abusos psicológicos. Às vezes, bastava o sutil poder da sugestão. Usando nossa própria imaginação para nos controlar, nossos pais costumavam contar histórias sobre crianças travessas recebendo o que mereciam. "É melhor você tomar cuidado", alertavam-nos, usando o Papai Noel, o bicho-papão ou santos mortos para defender sua opinião. Os pais contam histórias para controlar os filhos. A fim de disciplinar crianças indisciplinadas, eles intimidam. Para mantê-las longe do perigo, usam qualquer meio que julguem apropriado. Os próprios pais são governados pelas estritas lições de sua infância. Ninguém está acima da lei.

Grupos de famílias criam comunidades, o próximo nível de governo. Uma comunidade, como uma família, é dedicada ao bem-estar geral. Toda comunidade tem um líder, assim como toda família, e esse líder faz as regras relativas aos modos de comportamento aceitáveis. Todos na comunidade concordam em seguir as regras, sabendo que receberão algum tipo de punição se não o fizerem.

Quando comunidades criam alianças com outras comunidades, cidades são estabelecidas. Em uma cidade, há muito mais pessoas que querem liderar. A competição se torna feroz, e o governo, mais árduo. Cada cidade tem de escolher um prefeito e um órgão legislativo composto de cidadãos dedicados. Juntos, eles decidem sobre as regras de conduta aceitáveis e sobre várias formas de aplicar essas regras. As cidades são administradas por seus governos individuais, e nenhuma pessoa – nem mesmo o prefeito – está acima da lei.

Assim que parcerias são desenvolvidas com outras cidades, uma província ou um estado é formado. Cada estado tem o próprio governo, que tem o próprio governador e sistema de leis. A escolha de líderes fica mais complicada à medida que as sociedades aumentam. Os cidadãos acham mais difícil serem participantes ativos no próprio destino. Os governadores administram a justiça de acordo com as leis estaduais, e aplicam essas leis por meio de qualquer força que esteja disponível. Ninguém (pelo menos em teoria) está acima da lei.

Os estados finalmente formam uma confederação chamada país ou nação. Agora as apostas são altas para todos. Diferentes tipos de líderes governamentais competem para comandar o país inteiro. Uma vez no cargo, usam o poder de sua autoridade e forças diretas disponíveis para impor suas regras. A aplicação nem sempre significa prisão ou punição corporal. Os governadores também podem usar o medo e a imaginação para administrar seus constituintes. Como seus pais fizeram uma vez, podem usar ameaças, culpa e vergonha. Podem simplesmente usar pequenas sugestões para influenciar pessoas. Por qualquer que seja o meio, eles aplicam a lei. E muitas vezes descobrem que não estão acima das leis que implementaram.

Um líder de uma nação pode desejar governar outras nações também. É assim que as civilizações evoluem, à medida que as sociedades se tornam mais complexas e os líderes expandem sua autoridade. As nações formam nações maiores e impõem suas leis a mais comunidades e famílias. Em alguns casos, as nações perdem poder e são engolidas. Mapas são desenhados e redesenhados. As regras continuam a ser feitas e aplicadas, com quaisquer meios disponíveis.

Vale a pena lembrar como a governança externa desempenhou um papel contínuo em nossa vida. Vale a pena, porque a nossa realidade pessoal reflete a forma como usamos os mesmos métodos de governo para nos disciplinar. Ensinaram-nos a responder a semáforos, sinais e sirenes – porque, ao não fazer, corremos o risco de pagar multa. Pelo mesmo motivo, não ignoramos os prazos dos impostos nem os sinais de proibido invadir. Em qualquer país a vida é mais tranquila quando não desafiamos as leis locais. Desafiar nossas próprias diretrizes mentais é outro assunto. Achando que o julgamento severo é de alguma forma virtuoso, nós nos impomos regras e sanções, raramente parando para nos perguntar por quê. Doeria se relaxássemos um pouco o nosso controle? Que preço pagaríamos por sermos mais gentis com nós mesmos?

Crescemos sob a influência de uma instituição governante após a outra. Todos nós aprendemos observando, ouvindo e imitando – por isso, seguimos uma forma de policiar nossa própria felicidade. Temos medo de perder o controle. Queremos controlar outras pessoas sem considerar suas liberdades ou mostrar respeito básico. Muitas vezes, nosso sistema de governo atrapalha nosso desejo básico de nos comunicar e amar.

Não é de surpreender que nossos princípios – aqueles que nos são ensinados por nossa família e cultura – frequentemente nos reprimam e limitem nossa alegria. Imitando-os, escrevemos nossa própria constituição e executamos nossas próprias punições. Nós nos depreciamos, nos atacamos e sofremos a dor emocional. Por razões que a maioria de nós esqueceu, insistimos em negar ao nosso corpo os prazeres básicos. Muitas vezes nos forçamos a fazer o que não gostamos, e (às vezes literalmente) nos mandamos para a cama sem jantar. Na realidade pessoal que criamos, ninguém está acima da lei. Nem mesmo nós.

Impor nossa vontade aos outros somente os afasta. Nossas leis não são reais. Nosso pequeno governo apenas ilustra quem não somos. Não somos legisladores, condenados a impor regras à custa da nossa própria felicidade. Nossa mente e nosso corpo devem ser aliados na busca de um relacionamento melhor com a *vida*. Ao questionarmos nossas próprias regras, podemos desfrutar da liberdade de agir e reagir com sinceridade. Podemos começar a jornada de volta à autenticidade.

6

A MENTE COMO GOVERNO

Permitir que a mente funcione como um governo nos afasta do que realmente somos. Conceber leis e punições é um trabalho para instituições externas. É o que as sociedades fazem, e até mesmo o sucesso delas depende da disposição para mudar o que não funciona. Com todos os nossos julgamentos e censuras, cada um de nós construiu prisões virtuais para si mesmo – e isso não pode nos fazer felizes.

Nossa realidade pessoal não precisa ser uma prisão. Deve ser um esforço artístico. Quando pensamos nisso como uma obra de arte viva, podemos modificar a obra-prima à medida que seguimos. Temos o poder de fazer escolhas melhores, mantendo o bem-estar do corpo e mente. Ao nos governarmos com respeito, podemos criar harmonia em cada faceta de vida. É claro, isso ajuda a nos lembrar do que o governo foi projetado para fazer.

O tipo de governo com o qual a maioria de nós está familiarizada tem três setores principais: um legislativo, um executivo e um judiciário. Os três têm o objetivo primordial de servir o bem-estar do país. Um sistema de verificações e balanços garante que um setor do governo não atue de forma a prejudicar os outros. Nossa mente também pode funcionar assim, verificando a integridade das próprias ações. Cada setor precisa ser responsável e transparente. A mente tem de estar consciente de si mesma e praticar uma supervisão eficaz.

O setor legislativo de qualquer governo é chamado de congresso. O congresso faz leis e ratifica tratados, assim como a mente humana. A mente cria leis estritas – não só aquelas transmitidas pela família e pela sociedade, mas as próprias leis. Essas leis – consciente ou inconscientemente feitas – governam o modo como vivemos. São as autocensuras e resoluções que guiam nosso comportamento. Elas também incluem nossos preconceitos e fobias. Você cumpre as leis de sua mente, e sua mente espera que os outros cumpram suas leis também. Como já deve ter notado, você se dá melhor com pessoas que respeitam suas leis e aceitam seus pontos de vista.

Reserve um momento para pensar em quanta importância você dá às suas regras e princípios. Não importa se refletem os princípios de seus pais ou avós, porque agora são seus. Você pode conseguir expressá-los claramente, e encontrar falhas naqueles que não concordam com esses princípios. Pode até tentar convencer os familiares e amigos a segui-los. Se eles discordarem, você pode ficar com raiva. Pode até provocar uma briga.

Como se vê, a maioria dos problemas de relacionamento tem a ver com o seu governo querer estar certo e decidir que qualquer outro governo está errado. Defendendo a própria constituição, você frequentemente declara guerra a outras nações e a seus povos. A maioria das pessoas declara mil pequenas guerras ao longo da vida, lutando contra todas as críticas e opiniões rivais. Você tem a sensação de que não está sendo respeitado, então se torna desrespeitoso. Tudo isso inibe sua inclinação natural para amar e ser generoso. Seu *congresso* indeferiu sua autenticidade, o que significa que seu governo derrotou seu verdadeiro propósito.

Perdemos nosso senso de justiça e empatia quando nossas leis pessoais assumem muita importância. É bom ter um código de comportamento para viver, mas esse código não deve ter um impacto negativo em nossos relacionamentos. Podemos até não reconhecer certas ideias como princípios, mas o personagem chamado *eu* ainda as utiliza para legislar e processar. Ele as utiliza para repreender os outros e brigar consigo mesmo. Entender nossas próprias ações e reações possibilita uma mudança em nosso governo interno.

Pense nas ideias que o definem – ideias que dizem ao mundo quem você é. Você é um ativista ou um voluntário. É um *workaholic*. É liberal ou conservador. É extremamente leal. É temente a Deus, patriótico e fã número um do time da casa. Essas podem parecer formas admiráveis de se descrever, mas facilitaram a sua vida? Quanto tempo você gasta explicando e defendendo sua posição? Você critica pessoas que se descrevem de maneira diferente? "Dá ordens" à sua família e amigos, esperando que sejam tão fanáticos quanto você? Ainda tem o desejo de começar uma guerra ou apenas ganhar algumas batalhas? De qualquer forma, as opiniões não estão onde seu poder está. São apenas opiniões. Um bom argumento ainda é apenas um argumento.

Você pode sentir como se suas crenças e ideologias fossem seu coração e sua alma, mas não são. Ideias estimadas representam uma maneira de pensar que nos faz sentir seguros e possivelmente até superiores. Nós as investimos de muito poder emocional, no entanto elas não têm poder próprio. Ideias e ideologias influenciam a forma como nos guiamos, o que muitas vezes parece certo, mas também podem prejudicar a nossa capacidade de interagir e compartilhar o tempo com os outros.

Pense em suas crenças. Elas são mais importantes do que a sua verdade? São mais preciosas do que o amor?

Respeitar o direito de alguém a uma opinião é um ato de amor. É um presente deixar que os outros compartilhem seus pontos de vista. Não é tão difícil ouvir sem julgamento. Não é estranho dizer "não sei" e desarmar o momento. Deixe que os outros saibam que eles têm um argumento válido. Nem sempre temos de estar certos. Nunca precisamos ser o *eu*.

A maioria das batalhas que enfrentamos está em nossa cabeça. Lidamos com ideias e lutamos constantemente com noções de certo e errado. E então levamos a luta para fora, discutindo sobre verdades e mentiras, bem e mal. Nosso jeito é brilhante; o jeito deles é estúpido. Como a maioria dos conflitos entre nações, nossas guerras com outras pessoas são declarações públicas de prepotência.

Tendemos a defender o personagem principal da nossa história, muitas vezes como se estivéssemos defendendo a vida humana. Considere isso por um momento: estamos defendendo a integridade de algo que não é real. Talvez tenhamos medo de ser humilhados, e isso revela todo o problema. Em outras palavras, vamos perder nossas máscaras. Vamos abandonar o fingimento. Incapazes de sustentar o que não somos, ficaremos nus e autênticos diante do mundo – isso pode ser aquilo de que precisávamos o tempo todo.

Se nos recusarmos a abandonar velhos hábitos e pretensões, como podemos experimentar a nossa verdade? Continuaremos em desacordo com o mundo. Continuaremos a ver injustiça em toda parte e tornar nossa vida muito mais difícil. A voz do *eu* insiste em que estamos certos e que todos os outros estão errados, mas de onde vêm as nossas ideias em primeiro lugar? Se ousarmos incorporar novas ideias, o que exatamente está em jogo? Quem precisa ser protegido dessa perturbação? Se quisermos paz de espírito, não a encontraremos argumentando e insistindo.

Encontraremos inesperada paz quando pararmos de tentar defender o personagem principal.

7

A JUSTIÇA E O JUIZ

Fazer leis cabe ao congresso, um setor do governo. Podemos dizer que a mente age como um poder legislativo, mas ela também inventa formas de implementar suas leis. Então, vamos voltar ao segundo setor do autogoverno: o judiciário.

O setor judiciário decide como as leis devem ser aplicadas e sob quais circunstâncias. Como os governos externos, nosso governo mental exige punição por infrações à lei. Temos muitas formas diferentes de exigir punições àqueles ao nosso redor. Nossas punições podem ser sutis ou brutais, ou podemos voltar a raiva contra nós mesmos. Quantos de nós nos torturamos por comer demais, por realizar pouco ou por não sermos bons o bastante?

As pessoas administram seus sistemas judiciais de forma diferente. Você pode ser duro consigo mesmo, porém tolerante com os outros. Pode não ter noção dos próprios crimes, mas ser altamente sensível aos crimes dos outros. Pode ser amoroso com quem está ao seu redor, entretanto cruel consigo mesmo – ou o contrário. A maioria de nós consegue ser cruel se estiver com raiva ou insegura o suficiente. Antes que possa fazer alterações em seu sistema judiciário, você precisa reconhecer como ele funciona.

Todos nós precisamos considerar nossas ações. Podemos nos perguntar: "Essa resposta é justa? Estou sendo respeitoso nessa situação? Gostaria de ser tratado dessa maneira?".

Respeito é uma palavra que nos impressiona na infância, mas nunca nos foi dada uma chance de compreendê-la plenamente. Apesar do que muitos de nós disseram, ninguém tem de *ganhar* respeito. Todos são diferentes, porém cada corpo humano é uma cópia da própria *vida*. Toda criatura é uma prova das vibrações da energia e da matéria – isso é razão suficiente para mostrar respeito. O respeito torna possível ver além das opiniões e dos costumes de alguém. Torna possível ver a verdade, e a verdade nos liberta de nossos enganos.

Não há justiça de verdade quando um governo opera cegamente. Quando a mente reage automaticamente, cometemos erros de julgamento. Pagamos um preço alto por nossas suposições, causando sofrimento desnecessário. Se nos recusarmos a ver as coisas como são, podemos ficar desapontados. Culpamos e carregamos ressentimentos. Mostramos desprezo por nós mesmos e pelos outros. Como isso nos faz seres humanos melhores? Como nos faz nos sentirmos mais seguros ou mais em paz conosco?

O respeito é a solução para a injustiça. O paraíso, por qualquer interpretação, é regido pelo respeito. Criamos o paraíso na Terra respeitando a nós mesmos e a todos os seres vivos. O respeito faz nossas interações com outras pessoas serem mais suaves. Em casa, em nossa vida social e em nossos negócios, o respeito ganha aliados. Não precisamos gostar de alguém para demonstrar respeito. Todos os relacionamentos humanos prosperam no respeito mútuo, concordando ou não com ideias.

Não podemos dar o que não temos, então o respeito tem de começar conosco. Nem todos nós aprendemos autorrespeito na infância. Podemos não ter sido encorajados a respeitar nosso corpo e o corpo de outros humanos. Como adultos, podemos agora avaliar quão amáveis somos para nós mesmos. Quão justos somos? Quão severo é nosso sistema de justiça, particularmente quando se trata de nosso próprio comportamento? Podemos nos perdoar? Sabemos realmente como?

Assim como o perdão é essencial para trazer a cura a um país, também é essencial para uma mente saudável. Ao longo da história humana, a prática do perdão transformou inimigos mortais em aliados compassivos. Isso também acontece em nossa vida. O perdão põe mágoas em repouso. Muitas vezes resistimos ao impulso de perdoar porque achamos que essa atitude absolve pessoas más de uma punição justa. Culpa ou inocência não é a questão. O perdão libera cada um de nós da necessidade de odiar.

O perdão tira o passado dos nossos ombros, a fim de avançarmos sem seu fardo. Para nações e indivíduos, o passado é um cadáver que não devemos carregar conosco. A memória deve ensinar, não nos torturar. Queremos estar bem de novo, felizes e inteiros. Ao perdoar uma transgressão, nos libertamos do tormento.

Pense na forma como você usa memórias passadas para se machucar, uma e outra vez. Não há justiça em nada disso. Você sente a dor repetidamente, e ninguém é afetado além de você. Lembrar o faz infeliz, e a vida se torna infeliz para os que estão próximos a você. Você ignora o presente até que ele também se torne o passado. O futuro se torna obscurecido pelo ódio. Todas as ocasiões reais são perdidas para momentos que nunca existiram. Então, é claro, você sente que perdeu alguma coisa.

Nós fomos domesticados por um sistema de recompensas e punições. As recompensas podem ter sido uma atenção positiva ao nosso comportamento – palavras de elogio ou gestos de afeto. Podemos ter sido recompensados com sorvete por um trabalho bem-feito ou com a permissão de passar um dia brincando com um amigo. "Punição" pode denotar uma falta de resposta dos nossos pais ou palavras duras. Uma punição poderia significar ser espancado ou submetido a abusos físicos piores. No entanto, também nos pareceu uma punição quando nos culparam por algo ou nos sentimos culpados e envergonhados.

Como adultos, aprendemos a nos recompensar por nossas boas ações e a nos culpar pelas más. Nós nos sentimos envergonhados sem saber por quê. Nós nos submetemos ao tipo de punição que toleramos quando crianças, e não nos oferecemos perdão. Como os pais às vezes fazem com as crianças, negligenciamos nosso corpo ou o julgamos duramente. Recusando assumir a responsabilidade pelas histórias que contamos, culpamos o corpo humano por nosso desconforto e dor. Então damos mais um passo: inventamos outros personagens para assumir a culpa.

Tendo crescido acreditando em duendes e em Papai Noel, estamos acostumados com a sensação de estarmos sendo observados e julgados. Esperamos ser punidos por alguém devido a alguma coisa. Por que não devemos nos sentir ansiosos e neuróticos? Tememos a ira de qualquer deus em que nos ensinaram a acreditar. Queremos apaziguar os anjos e culpar os demônios pelas coisas "terríveis" que fazemos. Nós nos observamos em ação, nos condenamos e punimos. Parece que estamos dispostos a permanecer imaturos apenas para evitar assumir nossa realidade.

Imaginando-nos como o personagem central em nossa história de vida, nós nos adicionamos a uma longa lista de criaturas fictícias da infância – exceto que o *eu* parece ser o único que não está assumindo a culpa. Dizemos coisas como "meu mal" e "só tenho a mim para culpar", mas não estamos falando sobre a mente – ou sobre o personagem principal da nossa história. Estamos quase sempre culpando o corpo humano. Nós o julgamos, e geralmente o consideramos culpado.

Quando o personagem principal age como um grande juiz, nosso corpo reage com medo. O *eu* é o valentão do pátio da escola em nosso mundo, pronto para socar e intimidar. O personagem principal da história de cada um é o governante, o juiz e o executor – e também o presidente de uma nação muito particular. Então, precisamos prestar atenção à forma como falamos através do *eu*.

Uma mente que perdoa é precisa e justa. O perdão cria imunidades à dor. Não temos de nos punir por erros do passado ou inventar novos erros na nossa imaginação. Quaisquer que sejam as circunstâncias, estamos fazendo o nosso melhor. Amanhã, podemos fazer ainda melhor, mas não se tivermos medo de quem está no comando do nosso sistema judicial – não se tivermos medo do juiz. Todos nós precisamos de freios e contrapesos, que só podemos exercitar através da autoconsciência. Precisamos garantir que nossas leis não sigam prejudicando o ser humano; temos de garantir que nossa realidade não esteja sendo governada por um lunático.

Como os lunáticos se comportam? Eles desrespeitam o corpo humano e o punem por suas próprias escolhas ruins. Mentem para si mesmos. Levam tudo para o lado pessoal. Inventam conflitos e apreciam o drama. Deixam a prepotência tomar decisões por eles. Deixam-se controlar pelo medo. Lutar por opiniões é meio insano. Insistir em ter a última palavra é desgastante. Colocar condições no amor soa autodestrutivo. Ainda assim, fazemos coisas malucas como essas o tempo todo. E sofremos por isso.

Parece que usamos todos os tipos de pretexto para sofrer. O sofrimento é o único vício para a maioria de nós, e encontramos muitas formas de criá-lo. Queremos estar certos a qualquer custo, e sofrer quando estamos errados. Sofremos por nossos próprios julgamentos e imaginamos continuamente que estamos sendo julgados. Sofremos pelos nossos maus hábitos – culpando cigarros, drogas ou álcool. Culpamos a comida. Culpamos os esportes. Culpamos tudo em nossa formação. Culpamos nossos entes queridos por nossa infelicidade. E, é claro, culpamos o corpo físico por nos desapontar.

Pode não ser fácil de admitir – pode não parecer fácil de corrigir –, mas, com um pouco de discernimento, podemos transformar um sistema corrompido em impecável novamente. Podemos nos respeitar – por nenhuma razão e por qualquer motivo. Podemos nos tornar nosso próprio campeão e melhor amigo, recusando-nos a sofrer – seja qual for a circunstância.

Por que um humano sofre? O problema é quase sempre liderança. Líderes confiáveis cuidam primeiro de seu país – seu corpo. Líderes conscientes não acreditarão nas mentiras que dizem a si mesmos. Líderes eficazes não se submetem a medo ou intimidação. A mente conduz porque permitimos que conduza. Acreditamos no personagem que ela criou, e permitimos que ele fale em nosso nome. Acreditamos em suas opiniões e suas lembranças, mas o *eu* não representa a verdade.

A mente não pode duplicar a verdade. A verdade é energia pura. Tornarmo-nos conscientes de nós mesmos como energia, ou verdade, é uma importante revelação. A mente continuará a falar, soando a todos como um amigo experiente, mas não precisamos acreditar nela. Podemos nos erguer acima da voz do *eu* a qualquer momento.

O *eu* é o ponto de vista do reflexo da *vida*. É uma inteligência artificial. As informações da *vida* são filtradas por todos os pensamentos e características que nos deram. O personagem principal tem a própria inteligência, mas cada *eu* é diferente, dependendo do desenvolvimento do cérebro e das circunstâncias que afetam o corpo físico. Cada um de nós se identifica com esse personagem, por isso achamos difícil separar o *eu* da realidade.

Então permitimos que o *eu* governe, sem qualquer interferência.

8

O COMANDANTE EM CHEFE

Tentando responder à pergunta "Quem sou eu?", você pode começar a discernir quem você não é. Você não é seu corpo, mas é o guardião de seu bem-estar e integridade. Você não é as histórias que conta sobre si mesmo. Nem é o personagem principal delas, mas acha que é – tanto que às vezes está disposto a defender sua opinião com a própria vida. Você não é a sua mente, porém é responsável pela mensagem que entrega ao seu corpo. E também é responsável pela mensagem que a mente envia *através* do seu corpo ao resto da humanidade.

Sua mente aprendeu a operar como um governo composto de três setores. Há um congresso que cria leis.

Um setor judiciário que aplica essas leis por meio de um sistema de recompensas e punições semelhantes aos métodos que sua família e comunidade usaram para domesticá-lo. Neste capítulo, abordaremos o setor executivo e o "presidente" encarregado de tomar decisões.

Primeiro, vamos entender que o líder da sua nação não é real. Aquilo que administra seu pequeno governo é algo fora de sua imaginação, no entanto, tem o poder de afetar seu mundo.

Então, que tipo de líder você quer ser? Lembre-se de que você não pode dar o que não tem. Se quer ser mais compassivo, deve se tratar com compaixão. Se quer representar a verdade aos outros, pare de mentir para si mesmo. Se quer amar alguém no sentido mais verdadeiro, ame-se incondicionalmente.

Como acontece com qualquer governo, a mente precisa tomar decisões que sirvam ao corpo. Os vícios da mente se tornam os vícios do corpo e, portanto, todos nós devemos parar de inventar desculpas para sofrer. Quer o corpo físico esteja saudável ou doente, ele necessita de um zelador confiável. Não pode florescer quando está sendo forçado além da razão. Precisa de conforto, não de crítica. Precisa de mensagens de prazer, não de destruição. Precisa rir.

Líderes responsáveis governam de forma justa. Comandantes sábios sabem o poder que exercem sobre outras mentes e corações e usam esse poder cuidadosamente. Estão cientes de desequilíbrios e preconceitos em sua administração. Sem liderança consciente, todo o país sofre. Pense no tipo de líder que você é ou que quer ser e pense nas pessoas que sua liderança afetará diariamente.

Se quisermos presidir sobre este corpo (nosso país) mais sabiamente do que temos feito, precisamos dar uma avaliação justa ao nosso estilo de governo. Temos de ser honestos com nós mesmos, admitir nossos erros e estar dispostos a mudar. Os três setores do governo necessitam ser responsáveis pela felicidade do ser humano. Se não estivermos dispostos a prestar atenção à nossa evolução pessoal, o corpo continuará a pagar um preço.

O personagem principal da nossa história, o *eu*, quer governar tudo. O problema, é claro, é que o *eu* é vítima há muito tempo. O *eu* se sente perseguido pelo sistema, ou julgado pela sociedade. O *eu* está sempre na defensiva, então como o *eu* pode ser um líder forte? Como o *eu* pode ser um juiz imparcial?

Da mesma forma, o *eu* poderia estar perpetuamente irritado ou ressentido. Se o *eu* é constantemente crítico, como pode trabalhar em harmonia com outros setores do governo? Se o *eu* é um juiz e um valentão, como pode alcançar a sabedoria necessária para guiar uma nação? Como os acordos informais são feitos entre líderes e os tratados são aprovados?

Para muitas pessoas, uma vítima tem atuado como comandante em chefe das forças armadas de seu país. Isso coloca todo o país em risco. O que é uma vítima? Alguém que reclama o tempo todo. Alguém que vê injustiça pessoal em todos os lugares e insiste em "ser tratado de forma justa". É evidente que não há nada justo sobre um indivíduo querer o benefício da atenção de todos. Não há justiça em um sistema governado pelas necessidades de uma pessoa, com pouca preocupação com as necessidades dos outros.

Quando achamos que somos a vítima, nos tornamos irracionais. Ao nos sentirmos inseguros, pequenas batalhas se transformam em grandes conflitos. Quando a guerra irrompe, quem paga o preço final? O corpo – e é difícil gerar felicidade novamente. Nós nos sentimos fisicamente agredidos e desanimados apenas pelo que acreditamos ser verdade.

Espírito significa *vida*, e a *vida* é a verdade do que somos. Somos espiritualmente maduros quando estamos em uma relação próxima com a *vida* – quando podemos distinguir o real do irreal. Relacionamentos maravilhosos não podem acontecer quando estamos obcecados pelo *eu* e todas as coisas que preocupam o *eu*. Não temos paz enquanto estivermos travando guerras dentro de nós e ao nosso redor.

Nosso corpo sente o estresse e a ansiedade que criamos sendo vítimas ou juízes de maneira constante. Isso torna especialmente importante pensar na forma como lideramos – como legislamos, como executamos as decisões e como escolhemos nossas punições. Nosso corpo sente os abusos primeiro, mas ele não é o único. Como tratamos os cidadãos de nossa nação – aqueles que trabalham conosco, vivem conosco e dependem de nós? Podemos ser um exemplo do que o mau governo faz aos bons seres humanos – ou podemos lhes mostrar o que é necessário para viver vidas funcionais e felizes.

O desenvolvimento físico está embutido em nosso projeto biológico, mas a evolução espiritual precisa de nossa atenção e vontade. A forma como o personagem principal conta sua história afeta o humor do país e seus aliados mais próximos. Humanos são animais sociais, e a mente reflete nossa necessidade de outros corpos – em outras palavras, gosta de se conectar com outras mentes. Ela estabelece fortalezas em outros sonhos enviando seus melhores embaixadores – palavras e ideias. Cria embaixadas nas realidades dos outros, reivindicando um pouco de influência para si mesma.

Uma vez que preenchemos espaço na mente de outras pessoas, é tentador interferir em suas questões. Podemos questionar sua cultura, ignorando o fato de que estamos em seu mundo, não no nosso. O efeito positivo que temos sobre elas é o resultado de nosso respeito por suas crenças e tradições. A paz é a consequência de honrarmos a forma com que os outros humanos fazem as coisas sem impor nossas leis a eles.

Todos nós queremos paz; queremos sentir que nosso mundo está seguro. Queremos nos sentir seguros e nos sentir orgulhosos de nós mesmos. É engraçado como amamos louvar o país em que vivemos, mas nunca aprendemos a louvar o corpo que nos serve de lar. Nosso corpo físico é uma extensão de quem somos. Ele abriga nossa mente. É o lar da energia infinita que corre através de nós. Estamos orgulhosos disso? Estamos dispostos a protegê-lo, mesmo tendo que passar por cima de nossas opiniões favoritas?

Quando você viaja, pode descobrir que pessoas de outras culturas gostam de ouvi-lo descrever seu país. É bom lhes contar sobre sua beleza natural e suas muitas liberdades. Ouça o que você diz aos outros acerca de seu corpo enquanto passa por um dia normal. Você fala sobre ele com amor e respeito ou com desdém? E quanto à sua liderança? Ela inspira ou intimida? É sensata, generosa e consegue superar sua própria história? Ela faz com que as pessoas se sintam seguras? Quão orgulhoso você está do corpo que oferece tantos privilégios?

O líder do seu "país" é aquele que está percebendo e descrevendo tudo. Aquele que lê estas palavras é o personagem principal da sua história. Você é o presidente da sua nação, e se submete a todas as regras que estabeleceu, com base no que observou em sua vida. Você pode ver que é você quem cria e aplica as regras, sejam elas justas ou não. Sua influência vai até onde suas palavras vão. Seu comando é tão forte quanto sua autoridade pessoal.

Se você conseguir ver como sua nação é administrada, também perceberá que todos ao seu redor são líderes da própria nação. Sua mãe é um governo próprio. Seu pai, seus irmãos e seus amigos são comandados pelos próprios governos.

Você busca oportunidades para participar desses governos. Um governo é influenciado pelas conversas de seu povo. As ideias que enviamos – mandando mensagens de texto, conversando, cantando ou filmando – entram em outras mentes. Nossos embaixadores alcançam outras nações, e recebemos embaixadores de outras nações. Todos temos influência sobre nossos governos, assim como influenciamos nossas famílias, tribos e cidades. Juntos, influenciamos a humanidade – e o equilíbrio da vida na Terra.

Estarmos cientes desse tipo de poder deve nos encorajar a usá-lo com responsabilidade. Os humanos não podem controlar o planeta, mas podem feri-lo. Como "presidentes", não podemos controlar o corpo em que vivemos, mas, sim, feri-lo. Não podemos impedir que o corpo fique velho ou doente, mas podemos prejudicá--lo por meio de nossas ações, reações e negligência. Podemos sedá-lo ou intoxicá-lo. Podemos envená-lo e corrompê-lo; e o fazemos. A corrupção, mais uma vez, é o problema. A verdade é a solução.

O que é a verdade? A verdade não pode ser explicada com palavras. De fato, as palavras nos afastam da verdade, criando uma realidade própria. No entanto, todos nós sabemos instintivamente que há mais para nós do que palavras e teorias. Éramos inteiros antes de aprendermos uma língua. Podemos nos sentir inteiros novamente sem depender de símbolos para falar por nós. Palavras são nossos emissários, mas, novamente, não são a verdade sobre nós.

Feche os olhos, e poderá sentir a energia se movendo através de você. Pode senti-la correndo sob sua pele, tornando-a quente. Observe sua respiração, seu batimento cardíaco, suas pálpebras tremulando. Mova os dedos, as pernas, a cabeça, e sinta o poder que comanda cada movimento. Esse poder é *vida*, fluindo em todos os seus pequenos universos. Cada emoção é real. Cada percepção sensorial está lhe dizendo a verdade. Os pensamentos que manipulam suas emoções não são reais.

Você é energia pura, a força da *vida*. Nada mais é real. A mente é um reflexo espelhado da verdade, e os espelhos tentam apenas representar o que é real. O reflexo é tão bom quanto a qualidade do espelho. A energia da *vida* é real. É o que você é – o que todos somos. Não precisamos provar nosso valor. Nós nos esquecemos disso, achando que temos de lutar por reconhecimento, e então lutamos para mantê-lo. Lutamos por atenção.

Lutamos por ideias e opiniões pessoais à custa da nossa saúde emocional. Lutamos para nos entender e lutamos para ser compreendidos.

A *vida* é a verdade, e não precisa ser entendida. A verdade não precisa de prova nem de fé para sobreviver. E não precisa das nossas histórias. A verdade existia antes das histórias, antes da humanidade; e a verdade permanecerá depois que todos os contadores de histórias se forem. Não precisamos de um pensamento ou de uma teoria para nos mostrar a verdade. A verdade pode ser sentida em nosso amor e em nossa paixão duradoura por viver.

Se entendermos como nos governamos, podemos criar um governo mais benevolente. Podemos mudar o temperamento de seu líder. A maioria de nós é intimidada pelo poder, mas ávida por usar o poder contra si mesma. Podemos ver violência em todos os lugares, porém não o tipo de violência que infligimos a nosso próprio corpo. Nós o torturamos para torná-lo mais fino, mais forte ou mais atraente. Temos sido indelicados com o corpo, muitas vezes tentando controlar seus impulsos naturais. Observando isso, podemos mudar. O corpo humano nos serviu de maneira leal e merece lealdade em troca.

Imaginamos que a *vida* nos olha favoravelmente ou nos trata mal, mas a *vida* é o que somos. Nossa mente é capaz de imaginar tantas coisas, então imagine como a mente pode conspirar com a *vida*. Imagine desistir do controle neste momento e se render à *vida*. Imagine passar um dia sem ter de ser *eu*. Usando um pouco de imaginação, podemos nos governar de novas formas e encontrar soluções para problemas recorrentes. Afinal, imaginar e resolver problemas são o que a mente faz de melhor.

Estamos todos no processo de criar a realidade que achamos que merecemos, e cada um de nós definiu o personagem central. Cada um de nós vê o mundo através dos olhos do *eu*, e o *eu* está no piloto automático, fazendo regras e executando-as sem plena consciência. Como todas as grandes histórias, sua história pessoal poderia ter um herói. Seu corpo poderia ter um salvador.

Quando isso acontece, o único que pode salvá-lo é o personagem principal da sua história. Aquele que você chama de *eu* não é real, mas afeta coisas reais. Em vez de perceber a verdade, a maioria de nós se rende a uma voz interior. Ouvimos nossos próprios pensamentos. Acreditamos e obedecemos, em detrimento da nossa felicidade. Nós nos concentramos em conversas passadas, momentos passados, anos passados. São necessários tempo e paciência para aprender esses hábitos, mas eles podem ser desfeitos com muito menos esforço. Temos as ferramentas. Temos atenção, memória e imaginação para nos conduzir adiante.

Se o *eu* é o problema, o *eu* também é a solução. Seu país já tem um líder que quer ser sábio e compassivo. Se você está fazendo perguntas mais profundas sobre a vida, talvez já seja um presidente preparado para colocar o bem-estar do país em primeiro lugar. Você tem um legislativo que quer revisar suas leis, e um sistema judiciário que respeita todos os indivíduos. Você pode sentir o que é real e o que não é. Está pronto para dar o próximo passo.

Mudança requer ação. Uma ação leva à outra, e à outra, até que novos hábitos se tornem automáticos e as mudanças se tornem evidentes. Com o tempo, as reações das pessoas mudam, e elas enxergarão isso de forma diferente. Não há necessidade de buscar soluções em outros governos. Você tem tudo de que precisa para construir uma nação saudável e próspera. Você tem a vontade, e tem a consciência.

Então, se o que chamamos de realidade é virtual e o *eu* não é real, o que acontece com o mundo ao nosso redor? O que mais não é de fato real?

Que outras pérolas de sabedoria negligenciamos?

**PERGUNTE-SE:
"O QUE É REAL?"**

9

A SEGUNDA PÉROLA

O que é real?
Você saberá o que é real quando aceitar o que não é real.

Quando aprendemos a desafiar nossas histórias, temos uma noção de quem não somos. Observando, conseguimos nos tornar conscientes da verdade. Podemos ver tudo de um ponto de vista infinito. Você se acostumou a se ver como um produto da vida e talvez até como uma vítima das circunstâncias. Ao desviar sua atenção, pode ver de outra perspectiva: você é o artista dessa criação. Você é energia em si.

Ao fazer a pergunta "O que é real?", estamos desafiando o que achamos que sabemos. Nada é como imaginamos. Mais uma vez, pense no cérebro como um espelho. Se nossas mãos alcançassem uma imagem no espelho, tocaríamos o vidro, não a coisa cuja imagem ele reflete. A mente usa informações recebidas pelo cérebro para criar uma imagem da realidade. O pensamento é o reflexo. Se tentássemos alcançar fisicamente um pensamento, não conseguiríamos.

Olhamos em um espelho para ter uma ideia de como nosso corpo parece. Dependemos de um reflexo preciso, mas sempre obtemos algum grau de distorção. A mente reflete a verdade de seu modo particular. Vê através do filtro de ideias e opiniões existentes. Vê o que foi ensinado a esperar. De um modo ou de outro, todos nós percebemos reflexos distorcidos da verdade.

Por que isso é importante? Porque, como descobrimos anteriormente, nos identificamos com a mente. Estamos totalmente convencidos de que somos o personagem principal na realidade da mente. Imagine o que aconteceria se o reflexo se tornasse consciente de si mesmo. Seria provável criar um enorme problema. E se você percebesse que não eram seus pensamentos e crenças – que você nem era o *eu*?

Pode não ser fácil imaginar; pode não parecer divertido. Talvez você se encontre apenas falando sobre mentes, espelhos e reflexos perturbadores. Isso é um bom sinal. Significa que você acabou de desafiar algum tipo de crença. Você pode negar o problema, é claro, ou pode reconhecê-lo – e até mesmo tirar proveito dele.

Se você reconhece que sua mente é um reflexo espelhado do que é real, e não um muito preciso, pode ver que a sua é apenas uma interpretação da realidade – uma das mais de 7 bilhões de interpretações individuais. Então você pode experimentar. Pode colocar o que o reflexo está dizendo em uma perspectiva razoável e direcionar sua atenção para os seus sentidos. Pode começar a perceber como o seu corpo se sente, emocional e fisicamente. Esses sentimentos vêm de uma lembrança? Estão reagindo a uma narrativa em andamento? O que você está dizendo a si mesmo e por quê?

Quando você não está pensando, seu corpo está livre para sentir, sem sua interferência. Ele irá regular o estado emocional por conta própria. Conseguirá dizer quando algo estiver fisicamente errado, e você perceberá. Você conseguirá modificar suas reações habituais – como raiva, indignação e medo. As emoções irão informá-lo, e é o que as emoções devem fazer. Nenhuma delas deve se tornar viciante ou crônica e deixá-lo doente.

Imagine, e pode acontecer. Imagine encontrar automaticamente o equilíbrio emocional. Imagine verificar seus pensamentos o tempo todo, não importa o que esteja acontecendo ao seu redor. Parece engraçado, mas, por não pensar muito, você vai se aproximar de responder à pergunta "O que é real?". Ao perceber sem pensar, você notará o que não é nem nunca foi real.

A percepção pura não é sobre o que você diz a si mesmo. Não depende do que as outras pessoas lhe dizem. Pare de pensar – e conseguirá observar, ouvir e sentir. A verdade é óbvia em tudo que você vê e experimenta. Mantenha-se quieto por um momento. Consegue ouvir a voz do *eu* comentando sobre este momento? Pode estar explicando o que você está lendo agora ou planejando o que fazer quando parar de ler. Pode ser uma distração, fazendo comentários sobre outra pessoa – o que ela fez, o que disse. Talvez esteja desfrutando de conversas que não aconteceram e que provavelmente nunca acontecerão.

Seus pensamentos seguem um enredo, geralmente com começo, meio e fim. A história inclui personagens familiares, a maioria dos quais você acha que conhece bem. Sua realidade é preenchida por outros personagens – não tanto pelas pessoas reais, mas pelas coisas que você acha que sabe sobre elas. Eventos acontecem, e as pessoas existem, mas a sua compreensão delas é o material dos sonhos. Estamos todos "sonhando" a realidade.

Quando estamos acordados, nosso sonho é tipicamente baseado em eventos reais, mas cada um de nós interpreta os eventos de forma diferente. Vemos e ouvimos coisas de acordo com nossas crenças e suposições particulares. Como vimos, todos acreditam no "presidente", não importa o que ele ou ela esteja dizendo – e todos nós obedecemos a leis que existem dentro da nossa realidade pessoal.

Adormecidos, ainda estamos sonhando, mas as leis são diferentes, se é que existem. A lei da gravidade pode não existir em nossos sonhos adormecidos; as leis da física são ignoradas e a lógica básica se torna irrelevante. O sonho desperto segue leis físicas – e leis sociais e cívicas –, mas os sonhos adormecidos felizmente as ignoram. De qualquer forma, estamos sonhando, fazendo impressões distintas e separadas desse momento, onde quer que estejamos e o que quer que estejamos fazendo. O momento é real, mas estamos contando nossa própria história sobre isso. Essa é a maravilhosa magia da mente humana, transformar coisas reais em símbolos e impressões. No entanto, não devemos esquecer que o corpo responde emocionalmente ao nosso tipo de magia.

O sonho desperto pode ser dominado, assim como podemos alterar o curso do nosso sonho noturno. É possível nos lembrar, antes de adormecer, de acordar no meio de um pesadelo recorrente. Podemos deixar pistas – nos beliscar ou desafiar personagens ameaçadores em um sonho adormecido. Acontece o mesmo com nossa vida desperta. É simples o suficiente para nos lembrar de que estamos sonhando o tempo todo, mesmo quando passamos por um dia normal. Outras pessoas estão sonhando também, e sua realidade é baseada no que elas acham que é verdade. Não tem nada a ver conosco, a menos que concordemos que sim.

Todos têm o poder de conduzir a própria realidade em uma nova direção. Todos têm a chance de alterar sua mensagem. Criamos a ideia de nós mesmos ouvindo as opiniões das pessoas mais próximas. Elas nos contaram sua versão de quem somos. Não podemos mudar a forma como os outros nos percebem, e não é importante tentar. No entanto, podemos assumir o comando do nosso próprio sonho.

A qualquer momento, podemos modificar o reflexo para que reflita melhor a verdade. Há a possibilidade de pararmos de supor que sabemos mais do que os outros e começar a fazer perguntas. Podemos parar de insistir em que estamos certos. Não é um sinal de fraqueza desistir da necessidade de saber. Podemos até questionar nosso próprio conhecimento, ignorar nosso conselho e confiar mais na *vida*. Alteramos a face do *eu*. Ao adotarmos o ponto de vista da energia, deixamos de lado nossas pequenas obsessões. Ao vermos além de nossas próprias preocupações, podemos apreciar a paisagem infinita.

Cada um de nós é energia pura, apanhado no sonho da matéria. Supomos que sabemos quem somos. Supomos que podemos discernir o que é real. Acreditamos que todas as nossas suposições são verdadeiras – até começarmos a duvidar. Esse é o primeiro passo para responder "O que é real?". Nosso senso de realidade começa a mudar quando questionamos o que acreditamos.

10

VIDA SOB TIRANIA

Há apenas uma verdade: energia. Energia é a força que cria e sustenta o Universo. Usamos palavras diferentes para isso: *vida*, verdade, intenção, amor. Elas apontam para a mesma coisa. Energia é *vida*. A matéria é uma cópia da *vida*. É uma cópia da verdade. A mente é um reflexo dessa verdade – e, como aquela pintura que mencionamos, oferece muitas pistas sobre o artista.

Nossa impressão da realidade está mudando constantemente. Nesse sentido, não há chão sólido sob nossos pés. A realidade não é o que imaginamos ser neste momento. De fato, a realidade não é o que parecia ser um minuto atrás. Será algo mais daqui a um minuto, daqui a uma hora – e não vai parar de mudar. Gostaríamos de pensar que ela é fixa, sólida. Gostaríamos que nossa impressão da realidade fosse a impressão de todos. Gostamos de nos sentir seguros, sabendo que o mundo é o que achamos que é – mas as impressões mudam, não é? Tudo muda, se transforma, quer percebamos ou não.

O personagem principal também muda constantemente. Tudo começou quando éramos crianças, aprendendo a falar e depois a pensar. Pensar é o ato de conversar consigo mesmo. Imitamos outros personagens, dizendo o que eles disseram e pensando o que pensavam, até que nos sentimos confiantes para narrar o nosso próprio sonho. O *eu* que imaginamos inicialmente não era o *eu* que ia ao jardim de infância, aprendendo a interagir com outros *eus*. O *eu* não é o que era naquela época, ou o que se tornou na faculdade, ou o que era quando nos casamos. O *eu* que agora é pai ou mãe mal consegue se lembrar do *eu* que era solteiro.

A pessoa que achamos que somos mudou ao longo dos anos, à medida que acumulamos experiências e processamos novas informações. Ela agiu de forma egoísta e de forma generosa. Tem sido imprudente e tem sido responsável. Tem sido um zelador pouco confiável do corpo físico, bem como um devoto. As características do *eu* estão mudando constantemente. Como o *eu* muda, o mesmo acontece com sua impressão da realidade.

Cada ser humano vê a realidade de forma um pouco diferente – ou muito diferente – dos outros. A realidade muda com nossas circunstâncias em mudança. Ela pode parecer diferente de acordo com onde estamos sentados, de pé ou andando. Se dermos um passo em qualquer direção, nossa visão de mundo muda – instantaneamente, conseguimos ver coisas que antes não eram aparentes. Se nos deitarmos ou ficarmos em uma escada, mudamos nossa perspectiva das coisas. Se estivermos andando de bicicleta ou dirigindo um carro, as cenas voam em velocidades diferentes. O que chamamos de realidade é mais um espetáculo de imagens em movimento.

Mude o país, idioma ou cultura, e nosso senso de realidade é um choque. Nada cheira do mesmo jeito ou parece o mesmo. Ninguém fala como nós. Nossas menores rotinas são interrompidas. As pessoas em todos os lugares encontram maneiras de se alimentar e se abrigar, mas seus caminhos são distintos. Criam filhos e cuidam de suas famílias, no entanto as regras mudam com o cenário – a paisagem da realidade está em constante evolução. Se estivermos bem com isso, podemos começar a despertar e prestar atenção.

Se vivenciamos um evento traumático, somos sacudidos de nossas percepções normais e o mundo de repente não é o mesmo – pode nunca ser o mesmo. Um acidente de carro ou a perda de um ente querido faz a existência parecer ameaçadora e imprevisível. Em uma crise, a mente interrompe sua narrativa e não sabe como escolher novamente. O tempo desacelera, acelera ou se torna irrelevante. Por que a tragédia tem esse efeito em nós? A tragédia cria mudanças que parecem grandes demais para que a mente aceite. Ela se esforça para colocar o velho *eu* no contexto de uma nova realidade. Para uma mente que não aprendeu a ser uma amiga e aliada do corpo, a luta geralmente acaba em fracasso. Nós nos sentimos inconsoláveis e abandonados pela vida.

A mente é uma aliada quando se adapta a mudanças abruptas, sejam essas mudanças trágicas ou gratificantes. Nossa existência inclui todos os acontecimentos e todas as possibilidades. Cada experiência é parte integrante de estar vivo. Todas as emoções são aceitáveis. Não precisamos desempenhar um papel ou representar nossos sentimentos para efeitos dramáticos. Não precisamos seguir a programação da mente, respondendo aos acontecimentos da forma como fomos ensinados a responder. Não precisamos seguir leis antigas. A qualquer momento, em qualquer situação, podemos vivenciar acontecimentos a partir da perspectiva da própria *vida*.

A lei da *vida*, podemos dizer, é criar e nunca parar de criar. A transformação é a principal característica da *vida*. A *vida* não tem *eu*. Não se sente como vítima e nunca joga culpa. Na imagem infinita, não há juiz; a *vida* não faz julgamentos. Do ponto de vista da *vida*, não há crimes ou punições – apenas transformações. A energia se transforma, mas nunca para. Está em toda parte, é infinita e eterna. Sabemos disso, mas não nos vemos como energia. Nós nos vemos como se fôssemos separados dela e, consequentemente, separados da verdade.

Vivemos em um mundo de regras e raramente olhamos para além dele. Essas regras se tornam irrelevantes quando dormimos, mas voltam ao lugar assim que a mente acorda – ou quase. Há um momento, antes de abrirmos os olhos, em que não temos certeza de onde estamos – ou de quem somos. O momento passa rapidamente, porque aprendemos a nos "reconstruir" de maneira automática. Fizemos isso tantas vezes que não notamos o processo. Abrimos os olhos e lembramos: *Estou em casa*, ou *Ainda estou em um hotel... em Denver, eu acho... Não, é segunda--feira, então estou em Dayton.*

Tendo estabelecido onde estamos, juntamos os pedaços de *quem* somos – e há muitos, muitos pedacinhos. Mais uma vez, o processo é automático e quase imperceptível. Lembramos com quem fomos para a cama e nos viramos para ter certeza. Lembramos com o que estávamos preocupados quando fomos dormir na noite anterior – e começamos a nos preocupar novamente. Nós nos lembramos de qual realidade estamos vivendo e recomeçamos todo o sonho.

Se desacelerássemos o processo, provavelmente seria como ler um conto de fadas para uma criança, soando como algo assim: "E então ele se lembrou de que era Timmy, que adormeceu debaixo de um salgueiro depois de fugir de casa, que ficava na margem de uma aldeia chamada...". Reunimos nossa história pessoal em uma fração de segundo, colocamos as emoções apropriadas a bordo, e então o *eu* está pronto para enfrentar o dia.

Se nosso senso de realidade não sofreu interrupções recentes, a maioria de nós se acomoda em um padrão familiar de pensamento e comportamento. É claro que esses são padrões limitados por leis – nossas leis. Como crianças pequenas que esperam sofrer *bullying* na escola, acordamos na maioria dos dias com uma vaga sensação de culpa. Provavelmente estragamos tudo de alguma forma e só podemos esperar que não sejamos pegos. Esperamos que não sejamos expostos como mentirosos ou falsos. Esperamos não ser julgados ou desmentidos, e então saímos de casa, armados com nossas melhores histórias.

Com todas as nossas defesas, ainda assim não evitaremos conflitos. Certamente nos confrontaremos com outras opiniões e ofenderemos outros sentimentos. De vez em quando, mesmo os melhores de nós ficam na defensiva, e até agressivos. Até mesmo a pessoa mais tranquila pode ser provocada. De vez em quando, até o presidente mais honrado age de maneira insensata. Às vezes governamos miseravelmente o nosso mundo, decepcionando a nós mesmos e às pessoas com quem nos importamos. Podemos até, de modo descuidado, iniciar uma guerra.

Enquanto a guerra continuar em nossa cabeça, nossos relacionamentos com os outros estarão comprometidos. Quando não nos relacionamos bem, nossos esforços para conviver com outras pessoas serão frustrados. Nossas tiranias particulares e internas se transformam em tiranias públicas, e logo os membros da família estão brigando, amigos se afastam e comunidades inteiras estão em conflito. Todo mundo precisa estar certo. Todo mundo está gritando, e ninguém está ouvindo.

Ouvir é essencial. Precisamos nos ouvir primeiro. É importante aprender o idioma específico de nossa mente. Mesmo em silêncio, ela usa palavras para acusar e desmoralizar o corpo, palavras que aprendeu há muito tempo. "Que idiota!", dizemos a nós mesmos. "Sou tão artificial." "Sou horrível." "Sou um esquisito!" Estamos ouvindo isso? O desrespeito é claro, e será refletido na forma como os outros falam conosco.

Se ouvirmos, podemos mudar a maneira como nos comunicamos com nós mesmos. Podemos até mesmo basear essa relação em respeito. Onde está a compaixão que estamos naturalmente inclinados a ter por um amigo, uma criança ou um animal de estimação? Está lá, é claro, no entanto nunca aprendemos a tratar nosso corpo tão bem quanto a um cachorro de estimação ou um gato. Podemos facilmente escolher nos dizer coisas como: "Qual é? Você é incrível, mas agora está cansado". Podemos nos desculpar após um xingamento, dizendo ao corpo que sentimos muito pelo insulto. Podemos rir de nós mesmos com carinho.

Não é tão difícil aprender a linguagem do respeito. Podemos ser pacientes com nossos erros. "Cara, eu realmente amo você!", somos capazes dizer em voz alta. "Que besteira! Você me mata de rir!" é uma resposta justa a um erro comum. E, se somos justos conosco, vamos julgar o mundo de forma justa. Se mantivermos nosso diálogo interior honesto, podemos construir confiança entre mente e corpo – o relacionamento mais importante que existe.

Como você começou a ver, nós nos governamos de formas que não percebemos. O corpo percebe, no entanto, e responde às nossas tiranias da maneira como responderia a ameaças físicas. Responde a pensamentos tóxicos como responderia a um vírus. Combate a invasão e muitas vezes perde – mesmo que não percebamos. O autojulgamento é uma agressão, portanto, é autodesprezo. É um ataque ao corpo para que tenhamos pena de nós mesmos, para que nos preocupemos ou fiquemos obcecados.

A coisa mais surpreendente sobre o corpo é que ele se recupera da maioria dos abusos por conta própria. Cortes cicatrizam; ossos quebrados se emendam. Doenças são atacadas e derrotadas. Quando nosso planeta muda de temperatura, ele faz ajustes químicos e se estabiliza.

Nosso corpo faz o mesmo. No entanto, se as agressões ao corpo forem constantes e negligenciadas, o dano pode se tornar irreversível.

Nossas atitudes sobre nós mesmos nos atingem fisicamente e, por isso, precisamos desempenhar um papel diferente. Cada um de nós tem de ser o pacificador, não o tirano. Queremos ser guardiões conscientes da liberdade do corpo humano que ocupamos. Somos adultos agora, e nossos pais e irmãos não devem mais administrar nossa vida. Muitos de nós são pais agora, ou até mesmo avós. Estamos encarregados de nossas ações e reações. Somos líderes capazes por conta própria.

Então, por que insistimos em travar guerras internas? Por que construímos prisões para nós mesmos e fazemos nosso corpo viver dentro delas? Por que insistimos que outras pessoas devem sofrer conosco? Quando nos sentimos maltratados, reagimos. Quando nossas noções de realidade são rígidas, nos sentimos aprisionados. É claro, temos vontade de fugir. Naturalmente, queremos saber como é a verdadeira liberdade. Então, o que está nos impedindo?

11

SAIR DA PRISÃO

Todos nos lembramos de como era ser um adolescente, cansado das indignidades da infância. Queríamos nos separar dos nossos pais. Desejávamos fugir da prisão de casa e da família. Alguns de vocês que estão lendo ainda podem ser adolescentes, mas mesmo na idade adulta a maioria das pessoas tem o impulso de se libertar de alguma coisa. Na velhice, também queremos exercer nossa independência. Esse impulso de ser livre é natural, mas quem realmente está em nosso caminho?

Não importa o quão injustas as circunstâncias externas pareçam, sentimentos de opressão começam conosco. Acolhemos algumas ideias desagradáveis sobre nós mesmos. Nós nos apegamos a medos irracionais e criamos superstições aleatórias. Dizemos a nós mesmos que não podemos, não devemos – ou pior, exigimos algum tipo de penitência por nos divertirmos demais. Nós nos punimos por quebrar regras não escritas. Até nos fazemos pagar multas por amar.

A opressão existe. Há verdadeiros prisioneiros no mundo e prisões reais, mas a maioria das pessoas é oprimida pelas próprias histórias e medos. São levadas ao desespero por crenças que se recusam a abandonar. São censuradas por vozes que só elas podem ouvir. Ninguém pode dizer o que você exige de você, exceto você mesmo. Ninguém pensa em maneiras de puni-lo além de você mesmo. Então se escute. Escute como diz aos outros que não faz isso ou come aquilo ou como não é esse tipo de cara. Escute seus pensamentos, e preste atenção em como se assusta. Pode soar como seu pai às vezes, ou sua mãe, ou seu professor de Matemática da faculdade. Na maioria das vezes soa como aquele personagem que você inventou para se manter na linha. Você parece com o *eu*.

Um forte desejo de liberdade geralmente começa na adolescência. Todas as crianças, em algum momento, começam a se sentir constrangidas e um pouco perseguidas. Os pais tentam moldar e proteger os filhos, mas as crianças chegam a um ponto em que se ressentem por isso. Elas se rebelam, mesmo que signifique ferir a si mesmas no processo. A sociedade se envolve, contudo, as crianças perdem a paciência com suas regras. Governos e instituições religiosas querem conduzi-las em uma direção ou outra. Livrar-se de tudo soa atraente, mas a maioria das pessoas quer que a liberdade lhes seja dada.

Isso não acontece. A liberdade que realmente conta é aquela que nos concedemos.

A tirania começa conosco e com esse pequeno governo em nossa cabeça. Quem faz as regras? Quem as aplica? Quem pode reescrevê-las? O presidente pode – o executivo consciente que queremos ser. Cada um de nós pode revogar as próprias leis e reformar o próprio sistema de justiça pessoal. Podemos sair da cadeia a qualquer momento.

Como você provavelmente já descobriu, o *eu* pode se tornar um decisor melhor. O *eu* pode ser um administrador melhor – ou o *eu* pode se afastar e se tornar um amigo. Se o desejo está lá, o *eu* pode ser um diplomata e um pacificador. O *eu* pode finalmente ser o salvador que você está procurando.

12

O DIPLOMATA

Como descrevemos anteriormente, primeiro a humanidade se organiza em famílias, depois em comunidades e cidades, em seguida em estados e, finalmente, em países e reinos. Todo país tem fronteiras para impedir a entrada de invasores estrangeiros. Em todo o mundo, há centenas de idiomas falados, tornando a comunicação ainda mais desafiadora. No entanto, os países precisam se comunicar uns com os outros. As pessoas têm de se reunir e compartilhar ideias. Precisam ouvir, sem julgamento. Todo país necessita de diplomatas para fazer o trabalho de contato e conexão com outros países. Toda nação precisa de pessoas que sejam habilidosas comunicadoras e negociadoras. Todo corpo humano poderia usar um aliado.

Que tipo de mente é uma aliada do corpo humano? Uma mente que ouve a si mesma e rejeita histórias de pensamento de ódio. "Eu me odeio!" é um exemplo de comunicação inábil. Quem está odiando o quê? Você está odiando seu corpo ou suas circunstâncias? Está insatisfeito com o efeito que parece ter sobre outras pessoas? "Eu te odeio!" geralmente significa que alguém em sua vida não está lhe obedecendo. Não podemos controlar a maioria das pessoas, e não devemos querer. Provavelmente elas já praticaram ser seu próprio tipo de tirano, controlando-se estritamente e gerenciando todos ao redor, assim como você.

Um aliado não fofoca ou julga – exemplos de coisas tóxicas para o corpo. Muitos dos nossos pensamentos são autodegradantes, e muitos dos nossos comentários nos deixam desconfiados e com medo dos outros. "Carla é tão esnobe", ou "Jimmy é um idiota", pode ter soado legal no ensino médio, mas aonde isso nos leva agora? Isso nos leva ao hábito de reclamar, por exemplo. Como o corpo pode ser feliz e confiante em um ambiente de preconceito e desgosto? Julgamentos nos cegam para a verdade das pessoas e afastam nossos amigos. Quem pode confiar em alguém que julga tudo tão duramente? Como podemos confiar em nós mesmos?

A maioria de nós não começou a vida dessa maneira. Nascemos em famílias que se comunicaram gentilmente conosco. Quando por fim começamos a falar, falamos como eles. Logo descobrimos que as palavras nos traziam aquilo de que precisávamos. Crescendo com muitas pessoas sob o mesmo teto, aprendemos a usar as palavras para tornar nossos desejos conhecidos. Para manter a paz, tivemos de ouvir outros pontos de vista. Na escola, nossa capacidade de usar palavras nos deu boas notas e nos fez novos amigos. A faculdade e o mundo maior nos ajudaram a aperfeiçoar essas habilidades, à medida que aprendíamos a negociar, a seduzir, a construir confiança e muito mais. Aprendemos a arte da diplomacia.

Com um pouco de diplomacia, descobrimos que podíamos nos encaixar em grande parte dos círculos sociais. Aprender a ser diplomático tornou mais fácil conseguir emprego e permanecer em posições de influência. Descobrimos que o tato e a sensibilidade podem contornar diferenças entre pessoas e resolver conflitos. O respeito pelos outros – e por outras realidades – poderia nos salvar.

Em algum momento, todos tivemos de aprender a linguagem da nossa profissão. Cada negócio tem seus termos e jargões, e todo local de trabalho tem um governo próprio. Cada geração usa os próprios idiomas, e cada região tem o próprio dialeto. Indivíduos do mundo inteiro falam a língua de seus pares, de sua vocação, de seus concidadãos, de sua cultura.

Somos todos membros de uma espécie que precisa se comunicar com palavras para sobreviver. Uma boa comunicação requer disposição para reconhecer interesses comuns e fazer alianças. As pessoas estão no seu melhor quando sentem que podem confiar umas nas outras para ouvir, concordar e honrar acordos. Se nos recusamos a falar, como podemos evitar as hostilidades? Se não temos respeito por outras culturas, como podemos nos sobressair como humanos?

É da nossa natureza cooperar, e a história nos diz que a coexistência pacífica é do melhor interesse da nossa espécie. E, no entanto, governantes às vezes inventam conflitos. Líderes querem mais poder. Nações superam nações. Vemos como funciona o mundo da política, mas e o mundo dentro de nós? Como podemos melhorar as coisas em nosso próprio sonho?

Nosso corpo quer a companhia de outros corpos, mas nossa mente – nosso governo interno – em geral tem uma intenção diferente. Para evitar conflitos internos contínuos, precisamos usar nossas habilidades diplomáticas para um propósito diferente. A mente tem de fazer um tratado com o corpo físico que ocupa. Necessita de novos acordos, e tem de honrá-los. Mente e corpo precisam se sentar e conversar.

"Prometo que não vou machucá-lo" soa estranho no começo, no entanto é uma mensagem importante para dar ao corpo. "Coloquei minha prepotência acima de suas necessidades, mas quero fazer melhor. Quero ser um amigo, não um tirano." Diga algo assim algumas vezes, e você começará a reconhecer sua negligência e seus abusos. E ouvirá seus pensamentos. Você se tornará um pouco mais honesto consigo mesmo. Você se conectará com algo que deu por certo pela maior parte da sua vida – seu corpo humano. Volte sua atenção para esse relacionamento. Fale em voz alta com mais frequência, para que possa reconhecer palavras e atitudes repetitivas. Com paciência, você começará a modificar a voz em sua mente.

O corpo pode fazer sua parte em consertar o relacionamento também. Precisa aprender a esperar antes de responder emocionalmente a tudo que você diz. Dê a ele permissão para ignorar sua tagarelice. Dê um tempo do *eu*. Ele logo se adaptará a um estilo de liderança que mostre restrição e bom *timing*. O corpo humano deveria se comunicar efetivamente com a *vida*, mesmo quando os eventos mudam e se deslocam. À medida que você alcança mais consciência, pode permitir esse tipo de comunicação. Você não precisa interferir. Como resultado, seu corpo ficará menos intimidado pela administração – e, com a prática, será o parceiro em pé de igualdade que deveria ser.

Quando a relação entre o *eu* e o corpo funciona bem, todos os nossos relacionamentos melhoram. Nós nos tornamos mais generosos, mesmo sem tentar. Não temos de representar papéis. Não temos de nos retorcer em moldes para agradar a outras pessoas. Não precisamos de mentiras ou álibis. A autenticidade nos conduzirá a cada momento e em todos os momentos.

Somos a *vida*, criando novos sonhos e uma beleza notável em todos os lugares aos quais vamos. Somos também os emissários da *vida*, desfazendo divisões e conectando pessoas. Os melhores líderes são comunicadores diretos. Dizem o que realmente querem dizer e querem dizer o que de fato dizem. Todos nós temos a capacidade de ser claros e honestos conosco. Não precisamos acumular mais superstições, e podemos eliminar as que temos. Consciência e autenticidade são consequências naturais de ter uma mente que se comunica respeitosamente com o corpo, para que o corpo possa comungar melhor com a *vida*.

E quanto a conviver com outros corpos, outras mentes? Como todas as relações externas, ajuda a aprender uma linguagem que seus governos entendam. Ao ouvir os outros, temos uma noção de como suas realidades funcionam e de quem está no comando. Isso nos permite falar diretamente com eles, em vez de com as pessoas que preferiríamos que fossem. Enquanto crescíamos, a mensagem tácita que recebíamos de nossos cuidadores era: "Seja como eu". Isso se tornou sua mensagem para aqueles ao seu redor? Você pode ser um diplomata melhor no mundo em geral, mas precisa começar perdendo os hábitos que o tornaram cauteloso, desconfiado e desleal consigo mesmo. Sua mente despacha todas as comunicações. Como ela está representando a verdade agora?

A linguagem que a mente fala para o corpo é a linguagem que falamos para todos que encontramos. Suas palavras podem ser embaixadoras impecáveis, representando verdade e intento, começando pelas palavras que você pensa. Você lhes dá essa autoridade; ninguém mais pode fazer isso. Elas não têm significado, não têm autoridade própria. Você determina se as palavras – até mesmo uma palavra como *eu* – servem ao seu corpo ou o depreciam. Você escolhe as frases e ideias que moldam sua realidade pessoal. A qualquer momento, você pode decidir se elas estão servindo à *vida*.

A linguagem é impulsionada pela nossa intenção – o poder da nossa vontade. A linguagem pode criar uma obra-prima do sonho mais modesto. As ideias criam um paraíso para vivermos ou nos mantêm no inferno. Como você se comunica consigo mesmo? Você tem o hábito de transmitir mensagens de indignação ou medo? Inventa desculpas para ser defensivo? Como seu corpo se sente em relação a isso? Quando mensagens tóxicas são pronunciadas em voz alta e com frequência, acabamos ansiando pelos resultados emocionais – fúria, desapontamento, alarme. Ao repetirmos mensagens de apreço por nós mesmos e pelos outros, desenvolvemos uma ânsia por respeito.

O respeito é a solução para os problemas da humanidade, desde agitação global e brigas no *playground* até o delicado equilíbrio de poder que existe em nossa própria mente. O respeito abre as portas para a cooperação e compreensão em qualquer cultura. Respeito significa que honramos o direito de todos existirem. O respeito é a melhor parte do amor.

Cada um de nós cria o tipo de realidade que acha que merece, mas o nosso corpo humano merece muito mais do que damos. Merece, acima de tudo, a felicidade que vem de uma mente sã e pacífica.

13

PAZ E SANIDADE

Um governo é influenciado pelo estado de espírito de seus cidadãos. A humanidade como um todo é guiada pelo equilíbrio e compostura de cada um de seus membros. Cada indivíduo é uma parte essencial da humanidade e, portanto, sua evolução pessoal conta. Importa. Como as pessoas se governam em particular se estende para fora. A forma como nos governamos é refletida na maneira como somos governados. É assim que o sonho humano funciona, e muda pela vontade de cada humano, com o tempo e a prática.

Nosso sonho pessoal pode mudar sempre que dizemos isso. É claro que pode exigir um pouco de esforço, mas não tanto quanto o necessário para se tornarem nossos próprios pequenos tiranos. O *eu* começou quando aprendemos a falar e já consumia nossa atenção desde então. A maioria de nós não consegue se imaginar sem um personagem principal. Achamos difícil imaginar um momento ou dois sem que nossa própria voz tagarelasse em nossa cabeça. Grande parte de nós pensa que nunca ficará livre do pensamento implacável, que é um problema; mas resolver problemas é o talento especial da mente. Ao dar alguma atenção à nossa narrativa interna à medida que atravessamos o dia, podemos fazer mudanças reais. Os pensamentos vão reagir. As palavras vão obedecer. Ao direcionarmos nossos esforços para a paz mental e a calma, podemos nos elevar acima do ruído.

Todos sabemos que não é suficiente que os outros queiram nos mudar. Temos de querer também. O desejo é uma força motivadora, uma maneira de direcionar energia conscientemente. Muitas vezes pensamos que temos de esperar que o desejo venha até nós; achamos que devemos estar de bom humor antes de agir. Se sempre esperássemos o bom humor, nada mudaria.

A ação é vital para nossa própria evolução, como é para a *vida*. Precisamos continuar crescendo, mudando e desafiando nossas crenças. Se a realidade fosse um carro, o desejo seria o pedal do acelerador. Pise nele, e o carro se move. Pressione mais, e ele se move mais rápido. Desejo gera e direciona energia; é nosso para que brinquemos com ele. Se não estamos sentindo o desejo, podemos convocá-lo. O que quer que ensinamentos espirituais digam sobre o desejo, ele alimenta nossas ações – para nosso próprio bem ou mal. O desejo nos move em uma das duas direções, e é importante entender a diferença.

Idealmente, o desejo nos move em direção à paixão, o poder do amor. Amar o que fazemos leva à inspiração. Eventos nem sempre cederão aos nossos desejos, mas, se os obstáculos nos desacelerarem, podemos mudar o curso. É possível redirecionar nossas energias sem ressentimento ou frustração. Não adianta insistir contra os desejos de outras pessoas ou encontrar falhas em outras realidades. Podemos avançar de outras maneiras, e novas direções trazem oportunidades inesperadas.

O desejo guia nossa paixão e inspiração; a inspiração leva à criatividade. O desejo também pode nos levar a um precipício – pode levar à obsessão. Colocar todo o poder da atenção em um objeto de desejo nos torna fanáticos – o que significa que queremos tanto algo que não conseguimos ver mais nada. Isso vai muito além da paixão pelo futebol ou pelo amor ao *punk rock*. Quem já não ficou fascinado por uma ideia, uma filosofia ou uma pessoa? Com o tempo, nada mais importa. Poderíamos estar desesperadamente viciados em drogas ou álcool, ignorando inúmeras advertências e ofertas de ajuda. No entanto, ficamos obcecados, corremos o risco de perder o contato com aqueles que nos amam – e nosso próprio poder é desperdiçado e mal utilizado.

Como podemos saber se nossos desejos são inspirados ou obsessivos? A inspiração nos leva a criar coisas novas e novas realidades; a obsessão leva a muitos tipos de destruição. Quando estamos obcecados, não conseguimos enxergar com clareza e não podemos reagir livremente. Podemos esvaziar um bom relacionamento ou arruinar uma carreira promissora. Comprometemos nossa saúde física e sanidade. Em breve, a obsessão irá devastar o nosso mundo e muitas pessoas nele.

É fácil se tornar fanático sem perceber. Podemos confundir isso com entusiasmo saudável, até olharmos ao redor e percebermos o quanto foi perdido enquanto nossa atenção foi desviada. Nossos desejos podem nos levar a um terreno perigoso, mas o desejo também pode nos trazer de volta à paz e à sanidade. O desejo empurra os seres humanos em direção à grandeza e à criatividade. A paixão inspira ideias e inovações; agita as chamas do romance e sela as uniões ao longo da vida.

Estamos falando em voltar à sanidade – isso significa que somos loucos? Bem, claro. Cada um de nós sabe o quanto podemos ser irracionais, por isso, vamos ser os mais honestos que pudermos. Vamos observar algumas coisas que fazemos. Acreditamos em quase tudo que ouvimos e em tudo que pensamos. Raramente somos capazes de perceber a diferença entre real e irreal. Caminhamos entre um mundo de coisas vivas e pessoas reais, mas reagimos primeiramente a um mundo virtual. Deixamos os pensamentos guiarem sentimentos. Julgamos, porém não estamos dispostos a ser julgados. Levamos tudo para o lado pessoal, como se só o *eu* existisse. Construímos hierarquias de importância – classificando alguns humanos no topo e outros na base. Queremos amor, mas usamos o amor como arma contra nós mesmos. Se estamos mesmo dispostos a mostrar desprezo pelo corpo que tornou possível nosso sonho, devemos estar loucos.

Quando acordamos e vemos as coisas como elas são, parecemos estar sóbrios em uma festa cheia de bêbados.

Imagine estar em um grande e agitado evento, onde todos os convidados estão bebendo há muito tempo. Suas ações são sem sentido. Suas palavras são imprudentes. A fofoca começa, e o veneno logo se espalha. Poderíamos dizer que toda a humanidade está nessa festa – em que os rumores correm soltos, os sentimentos machucam e as reações se tornam violentas. O espetáculo é estranho se você não está bebendo.

Se não estivermos embriagados, temos a vantagem de ver o que acontece ao nosso redor. Vemos como todos estão intoxicados e acham que os outros convidados não percebem. Em uma festa real, o nível de caos depende de quanto álcool os convidados consomem. Nessa festa metafórica, o nível de insanidade depende de quantas informações falsas as pessoas aceitam e absorvem. Depende do quanto são supersticiosas e do quanto mentem para si mesmas.

Superstições são crenças que têm autoridade sobre o nosso pensamento. Nós lhes damos essa autoridade, é claro. Se acreditarmos em uma ideia, isso determinará a maneira como pensamos e nos comportamos. Não é apenas sobre adorar ou acreditar em contos da carochinha. A maioria das superstições é mais sutil do que isso. Acreditar que as palavras têm poder sobre você é uma superstição – as palavras não têm poder, exceto o poder que você lhes dá. É supersticioso acreditar em todas as pequenas mentiras que você diz a si mesmo. É supersticioso acreditar que a vida o está recompensando pelo bom comportamento e punindo por quebrar regras, da mesma forma que seus pais fizeram. É supersticioso pensar que a verdade possa estar perdida ou destruída.

PERGUNTE-SE: "O QUE É REAL?"

É supersticioso imaginar que a verdade esteja em algum lugar fora de você, inacessível e misteriosa.

A maior parte da humanidade segue a vida sob influência de uma ou outra superstição. Talvez ainda acreditemos no que nossos pais nos dizem desde a infância. Cremos no que nossos ancestrais acreditavam. Acreditamos no que todo mundo acredita. Acima de tudo, acreditamos em nós mesmos.

Os humanos são pensadores, filósofos, e usam a linguagem para comunicar ideias. Utilizam-se de sons e símbolos para se informar e ensinar uns aos outros. Somos todos cientistas, buscando a verdade. É claro que normalmente estabelecemos um palpite melhor com base nas informações que nos são disponíveis. Damos poder às nossas suposições e deixamos o medo nos controlar e até mesmo nos intoxicar.

Durante todo o nosso tempo na Terra, olhamos para as estrelas para prever o futuro. Até recentemente os humanos eram quase indefesos à noite, dependendo da luz da Lua. Sem ela, não podíamos caçar, viajar ou lutar. Um eclipse pode ter sinalizado o fim do mundo. Qualquer alteração na natureza poderia parecer uma punição dos céus. Em nosso medo, concluímos que os deuses estavam rindo de nós ou que os demônios controlavam a terra e o céu. Os terremotos eram um sinal da ira de um deus; as inundações eram um sinal da indiferença de outro deus. Acabar com uma seca exigia um sacrifício; a chuva exigia um banquete. O medo funciona como um vírus no sonho humano. Contraímos os medos uns dos outros e os tornamos nossos. Damos poder às ideias. Pegamos vírus culturais e os espalhamos.

Quando estamos sóbrios e saudáveis, o efeito da superstição na humanidade é óbvio. Vemos como alguém pode fazer uma sugestão, e as pessoas reagem como se fosse uma verdade. Vemos como as ideias podem ser contagiosas. Um hábil comunicador pode influenciar a multidão. Uma pessoa que reage com raiva e defende o medo inspirará milhares a seguirem-na. Uma delas grita "Fogo!", e outras cem entrarão em pânico. As superstições corrompem a imaginação humana. Sem superstição, a imaginação pode trazer grandes visões à existência. A imaginação encoraja a evolução, mas precisa ser mantida a salvo das influências do medo.

Não é tão difícil acordar e se manter são. A loucura pode acabar conosco – um sonhador de cada vez. Todos conseguimos ficar sóbrios e observar a festa dos foliões. Podemos ver quantos optam deliberadamente por ficar bêbados. É possível ver quanto veneno estão dispostos a tolerar e nos perguntar: "É assim que quero viver minha vida? Estou realmente com muito medo de estar consciente e totalmente informado?". Conseguimos ver o quão bêbados nos tornamos e dizer não aos medos e às superstições comuns. Podemos acabar com o nosso vício em preocupação e drama.

Acorde, abra os olhos e veja a vida à sua frente – e em todo lugar. Use sua atenção, o poder mais notável do seu cérebro, para ver a verdade nos outros. Veja além dos bêbados, com todas as suas opiniões e fobias – mesmo que um deles seja você. Talvez você seja o rei do drama, o crítico ou o cínico. Veja além de suas próprias histórias – seus pensamentos e suposições. Em vez de se anestesiar para não ouvir o barulho, *escute*. Preste atenção. Observe.

Diga não aos pensamentos que o deixam louco. Diga não a uma narrativa descontrolada. O contador de histórias é alguém que você inventou, acostumado a dizer as mesmas coisas da mesma maneira. Diga não àquela voz em sua cabeça.

Veja o medo como o que ele normalmente é: a resposta do corpo ao *eu*. A maioria de nós passa a vida fugindo da própria voz. Corremos de nossos pensamentos porque acreditamos neles. Eles nos assustam, nos difamam, e continuamos a acreditar neles. Use seus sentidos, e ignore completamente o pensamento. Brinque com a *vida* do jeito que costumava fazer antes que houvesse um governo operando em você – antes que houvesse leis, punições e um presidente a quem responder. Acalme-se e abra-se emocionalmente. Deixe a *vida* brincar com você.

Então você conseguirá estar pronto para aceitar a verdade sobre o amor.

**PERGUNTE-SE:
"O QUE É O AMOR?"**

14

A TERCEIRA PÉROLA

O que é o amor?
Você vai conhecer o amor quando perceber o que não é amor.

Você não pode se entender completamente até conseguir se identificar como *vida* – como a força eterna da energia. Como essa consciência o ajuda? Ela coloca todos os seus esforços em perspectiva. Faz do conhecimento seu servo, não seu mestre. Faz da sua realidade virtual uma obra de arte divertida, não uma prisão. Altera a voz do *eu*, tornando possível transcender o personagem principal.

O *eu* não precisa ser derrotado ou substituído. Através de você pode evoluir. A evolução do *eu* é uma escolha. Você decide como se sente em relação a cada momento. Ao desviar um pouco sua atenção, você passa a ter uma ideia do que você não é. Você perguntou "O que é real?", e começou o processo de duvidar do que acha que sabe. Esse processo continua, se aprofunda, e o levará a descobertas maiores – no entanto a verdade é simples. A verdade é a *vida*; não é um sistema de crenças. A verdade é infinita e eterna, mas seu corpo e seu sonho não são. A verdade é energia, poder. A verdade é a sua realidade.

Também podemos dizer que a verdade é amor. O que a maioria de nós chama de amor é o oposto do amor. Nossos problemas existem porque nos ensinaram a amar com condições. Este não é apenas nosso problema pessoal; é o problema da humanidade. Não importa a cultura, somos ensinados a corromper o amor. Somos ensinados a desconfiar da única coisa real que existe: a força infinita da *vida*.

Regras e condições definiram a forma como amamos. Como vimos, as pessoas constroem os próprios governos com leis e punições pessoais. Levamos nossas leis a sério e somos rigorosos quanto à sua execução. Nada disso está certo ou errado; é um fato. A domesticação moldou nossos comportamentos. Fomos julgados e disciplinados quando crianças, e, já adultos, aprendemos a julgar e a nos disciplinar. Nós nos punimos e nos perdoamos, mas qual é exatamente o nosso crime?

Os maiores crimes são os que cometemos contra o próprio corpo. Se você é o tipo de tirano que insulta seu corpo, é provável que trate os outros corpos com desrespeito. Se está inclinado a se machucar fisicamente, as chances são grandes de se sentir bem em machucar os outros. De qualquer forma, seu corpo pagará o preço.

Quando ferimos outras pessoas, isso se volta para nós de uma forma ou de outra. Julgar ou abusar das pessoas levará a punições, mesmo que não possamos regulamentar. Seremos tratados da mesma maneira que tratamos outros humanos. Se a sociedade nos julgar e nos considerar culpados, seremos punidos. E, mais uma vez, o corpo sofre. Quaisquer que sejam nossos abusos, o corpo humano paga.

Assim que nos repreendemos, o corpo paga um preço emocional. E nos repreendemos, é claro. A maioria de nós, em algum momento, já viu pessoas marchando pela calçada de uma cidade murmurando para si mesmas. Vimos indivíduos tão possuídos pela raiva que gritam e esperneiam com ninguém. Somos tão diferentes?

Frequentemente gritamos e esperneamos para nós mesmos, porém em silêncio. Andamos pela rua reclamando para nós mesmos, revendo velhas conversas e inventando novas conversas. Nossos lábios estão se movendo e nosso rosto mostra a tensão. Poderíamos estar ao telefone, mas não estaríamos apenas usando outra pessoa como desculpa para reclamar? Quando a voz em nossa cabeça se torna insuportável para nós, ela grita para o mundo ouvir. A questão é que ninguém quer realmente ouvir, e ninguém quer testemunhar as batalhas sendo travadas dentro de nós.

Um telefone ao ouvido pode nos fazer parecer menos loucos, e isso pode nos ajudar a nos sentir menos sozinhos; mas não precisamos do telefone nem do amigo.

Se às vezes nos sentimos infelizes, provavelmente é porque estamos acreditando em alguma coisa que não é verdade. Estamos ouvindo nossa própria voz nos repreendendo. Quando isso acontece, somos crianças de novo, com medo e perplexos. Somos adolescentes de novo, sabendo com certeza que ficaremos de castigo. Somos motoristas bêbados, prestes a ser parados e multados. A voz é nossa, seja lá como soe, e podemos pará-la.

A voz do *eu* tem dirigido o espetáculo por tanto tempo que dificilmente notamos. Quando percebemos, podemos nos salvar. Podemos recuperar um pouco de sanidade. A qualquer momento, podemos encerrar de maneira educada a conversa que estamos tendo conosco. Assim como fazemos quando estamos ao telefone, podemos dizer que temos de ir. "Tenho de correr, querida. Todo meu amor. Tchau, tchau." Somos capazes de fazer isso a qualquer momento – quando estivermos dirigindo, na rua ou até mesmo tentando dormir à noite. "Tchau. Tenho de ir", e nos desligamos.

Nada melhora ao continuar a conversa. Um apetite por veneno levará a mais veneno. Nenhum problema é resolvido quando nos reprovamos ou culpamos alguém. Temos de pôr fim ao nosso próprio *bullying*. Nossas conversas com nós mesmos não são reais, mas criam emoções reais em nós e confusões reais em nossa vida.

Emoções não são o problema. Pensamentos são. Emoções nos dizem a verdade sobre o que está acontecendo dentro de nós. Quando sentimos raiva, nosso pulso acelera, nossa respiração se torna errática e nossos músculos ficam tensos. Nossos pensamentos desencadeiam sentimentos desagradáveis e nosso corpo paga o preço. E se prestássemos atenção a esses sinais e aprendêssemos com eles? Podemos ver as emoções como pistas sobre o que estamos dizendo a nós mesmos. Elas nos dizem quando estamos nos agredindo e precisamos melhorar a mensagem. Elas nos dizem que estamos em um caminho mental perigoso. Geralmente nos dizem quando estamos na festa errada.

As emoções nos lembram de que não estamos nos amando e nos informam quando já viajamos para longe demais da verdade. A verdade talvez não seja algo que podemos expressar em palavras, mas, se estivermos sóbrios o suficiente para prestar atenção, podemos sentir sua ressonância. Podemos senti-la como amor. Afaste as palavras, as preocupações e os pensamentos obsessivos, e o amor é tudo que resta.

O que é o amor? O amor é a energia da *vida*, criando mais *vida* o tempo todo e de formas infinitas. A maioria de nós aprendeu a pensar no amor como um tipo de emoção – uma entre muitas outras. Achamos que tem um começo e um fim, como as emoções costumam ter. A emoção é a energia que nosso corpo cria, e o amor é a soma de todas as emoções. O amor é energia e, portanto, não tem começo nem fim. A energia não tem hora marcada. Nem o amor. Não tem limites ou condições. Como toda energia, o amor pode ser transformado, mas nunca destruído.

No começo, o amor incondicional pode parecer intimidador. Você pode querer fugir dele. Pode duvidar de sua sinceridade. Pode se perguntar como é tão natural para crianças, no entanto não para você. Pode querer culpar o amor por sua dor e sua autorrejeição – o amor nunca é culpado. O que torna as coisas dolorosas e complicadas são os termos e as condições que colocamos no amor. Ninguém quer ouvir: "Eu te amarei se...".

"Eu te amarei se você puder ser como eu e pensar como eu." "Eu te amarei se você sentir a minha dor." Essas palavras soam engraçadas, mas, para a maioria das pessoas, é a mensagem romântica subjacente. A palavra *se* nega a verdade do amor. "Se você me amasse, sofreria do jeito que estou sofrendo" é com muita frequência o que queremos dizer a um ente querido. "Se você realmente se importasse, faria sacrifícios por mim" está implícito de maneiras diferentes. "Se você realmente me amasse, provaria isso, diria aos seus amigos, me colocaria em primeiro lugar, você..." Essas palavras nunca podem ser ditas, mas tendem a se esconder atrás de outras palavras. Elas ecoam a voz do personagem principal.

O amor não requer sacrifício. Somos generosos no amor porque queremos ser, e não precisamos de nada em troca. É emocionante estar vivo. É um privilégio sentir o poder do amor. Como a *vida*, o amor é sua própria justificativa. E, como *vida* – como verdade –, não precisa de provas para existir.

As condições tornam o amor algo que não é, mas foi assim que nos mostraram como amar. O amor condicional se tornou parte de como nos governamos. Isso nos força a julgar as pessoas e a nos denegrir. Como qualquer crime, machuca o corpo primeiro. Ele nos faz nos sentirmos sozinhos e indesejados, o que leva a feridas que não conseguimos cicatrizar.

O verdadeiro amor começa com a gente. Nunca é tarde demais para redescobrir o poder disso em nós mesmos. Nunca é tarde demais para fazer a pergunta: "O que é o amor?", e abrir todos os sentidos para a resposta. O verdadeiro amor não tem nada a ver com vaidade ou prepotência. Amor-próprio não é egoísmo. O ego é o *eu*, querendo atenção e adulação. O amor é a energia que corre através de nós e ao nosso redor. Quando compartilhamos amor, compartilhamos a força da *vida*. Quando nos damos amor, estamos reconhecendo o que realmente somos.

Ao nutrirmos afeto e respeito por nosso corpo humano, as sementes do amor começam a crescer. Estamos nos amando quando damos ao corpo o benefício de todas as dúvidas. Estamos nos respeitando quando tratamos a mente como nossa criação – porque ela é. Se monitorarmos nossos pensamentos, podemos entender melhor a linguagem da mente. Podemos nos tornar diplomatas respeitosos, suavizando nossas palavras e incentivando o melhor amigo que teremos. Podemos ser pacientes e atentos em prol de um grande caso de amor.

Seu corpo é o amor da sua vida. O relacionamento que você tem com o seu corpo afeta todos os relacionamentos. Amar a si mesmo, incondicionalmente, pode curar as maiores divisões do seu mundo. Pode reconectá--lo à força de energia que tornou seu mundo possível.

15

O AMOR DA SUA VIDA

Seu corpo físico é, e sempre foi, seu verdadeiro amor. Não há nem nunca haverá um amigo mais leal ou um parceiro mais íntimo. O que você pensar, ele vai sentir. O que você ordenar, ele fará o melhor para obedecer. Se você fizer algo para prejudicar seu corpo – incluindo o pensamento obsessivo –, ele fará tudo que puder para se recuperar. Seu corpo trabalha duro para se manter saudável e tornar seu mundo mais fácil de tolerar. Em gratidão por sua notável generosidade, você pode querer ser generoso também. Pode amar o seu corpo, não importa o que aconteça. Pode colocá-lo em primeiro lugar em quase todas as situações. Ouvir as necessidades do seu corpo humano pode exigir alguma prática, entretanto atenção é do que ele mais precisa.

A mente pode querer coisas, mas não precisa de coisas. Seu corpo precisa se sentir importante? Precisa fofocar? De modo algum. A mente está faminta por histórias. Quando comemos em excesso, não fazemos o corpo feliz; damos conforto a uma mente agitada. O corpo não precisa de sedação regular, mas rotineiramente tentamos desligar a mente com álcool e drogas. Evitamos a autorreflexão julgando os outros. Negamos o amor, e nosso corpo sofre.

Amar nosso corpo de maneira incondicional é natural para nós, como podemos ver observando crianças pequenas. Bebês e crianças amam sem vergonha ou restrição. Com o tempo, as crianças aprendem a pensar, a imitar o comportamento dos adultos e a impor limites ao amor. Elas se esquecem de amar sem medo. Mais aflitivamente, elas se esquecem de se amar.

Pode ser difícil lembrar, mas todos nós chegamos ao mundo como bebês e amamos tudo sobre o corpo que ocupamos. Amamos tudo que vimos e sentimos. À medida que viramos crianças ativas, nosso corpo nos levou a um passeio por maravilhas físicas e experiências sensoriais. Prosperamos nesse paraíso – e então, ao que parece, fomos banidos dele.

Contaram-nos muitas histórias enquanto crescíamos, e acreditamos em todas elas. Algumas histórias sugeriam que havia algo pecaminoso, até mesmo feio, em nosso corpo. Muitas histórias nos causaram vergonha. Aprendemos a culpar o corpo pela maior parte das decepções da vida. "Não é culpa minha", a mente aprendeu a dizer. "Sou apenas humano." No entanto, a mente não é o corpo humano; é feita de material virtual. Ela governa o corpo da maneira que é permitido.

A quantos de nós ensinaram a amar o corpo? Tendências sobre saúde vêm e vão, mas ouvir o seu corpo é uma habilidade diferente. Onde está sua atenção quando você come, quando se exercita, quando se prepara para dormir? Na maioria das vezes, é sobre arrependimentos passados e futuras preocupações. Você está discutindo com pessoas que não estão lá. Está ansioso com coisas que não estão acontecendo.

Seu corpo físico, como uma criança ou um amante, precisa de sua atenção para prosperar. Precisa de uma conversa frente a frente de vez em quando. Precisa ouvir um pouco de gratidão por tudo que faz. "Sou tão gordo!" não oferece conforto, principalmente quando as palavras são ditas com aversão. "Pareço com a mamãe!" envia sinais confusos, mas eventualmente seu corpo registra a dor da decepção. Não estamos sempre entusiasmados com a nossa aparência, contudo nosso corpo não tem culpa.

Nosso corpo brilha quando sente amor. Fica energizado quando sente a verdade expressa em ação e palavras. Funciona bem quando o alimentamos bem, e se apruma quando o vestimos bem. Respira e saltita quando deixamos que nos leve a um passeio, uma volta de bicicleta ou um mergulho. É assim que normalmente descreveríamos um animal de estimação – e a maioria de nós está muito mais preocupada com a saúde e a felicidade dos nossos animais de estimação do que com o próprio corpo. Somos ativistas quando se trata de dar comida nutritiva aos nossos cães ou correr no parque com os cachorrinhos. Por alguma razão, não conseguimos nos comprometer a amar nosso corpo da mesma maneira.

O corpo humano nos serve de formas que não podemos imaginar. Ele compensa nossas ofensas e segue em frente. Ignora nossos crimes. Ele se cura – muitas vezes antes de sabermos que estamos doentes. Emoções são importantes; elas mantêm a saúde e o metabolismo do corpo da mesma forma que os padrões climáticos equilibram o metabolismo do planeta. Mas o corpo, fazendo inúmeras atividades para ajudar nossa saúde, pode ser dominado pelo drama. Tem de suportar muita indignação, ofensa e medo – e ascender às nossas maiores alegrias. Tem de apoiar nossas convicções e superstições. E tem de apoiar nossas teorias absurdas sobre o amor.

Amor incondicional é amor. Todo o resto é uma distorção do amor. O amor não é uma emoção, mas a totalidade das emoções. É a força da *vida*, e como podemos impor condições a ele? O corpo é nosso lar na Terra. Ele nos dá tudo que pode dar, e podemos fazer o mesmo. Talvez nunca tenhamos aprendido a amar nosso eu físico, mas não é tarde demais.

Somos capazes de adorar nossos gatos e peixinhos-dourados mais do que amamos o corpo humano que habitamos – no entanto, ao conhecer esse corpo, podemos nos achar apaixonados novamente.

Por essa razão, talvez seja hora de olhar para si mesmo com os olhos de um amante.

> # 16

AMANTES E AMORES

O amor romântico é considerado um tipo diferente de amor. Mas ele é? O corpo da pessoa amada é o seu país das maravilhas, certo? O verdadeiro amor vê apenas beleza e perfeição, e um amante dedicado faria qualquer coisa para expressar esse amor. Se a pessoa que você ama o quisesse por perto, você agiria rapidamente. Se você soubesse que essa pessoa sente sua falta, ligaria ou faria uma visita, ou pelo menos daria garantias. Se o seu verdadeiro amor estivesse se sentindo negligenciado, você ofereceria um abraço ou planejaria um encontro. Você se desculpa por se distrair ou por pensar apenas em si mesmo.

Bem, seu corpo sente sua falta a maior parte do tempo. Ele perde a verdade. E, sim, você está distraído. Está pensando em sua reputação e em seu *status* social, na última conversa ou na próxima. Faz o mínimo esforço por seu corpo e, muitas vezes, o empurra para além de seus limites. O exercício é um gesto de amor ou uma punição? E quanto à dieta? Se seu corpo não está sentindo seu julgamento, está sentindo sua indiferença. Onde estão as carícias e os abraços? Onde estão as flores, as cartas de amor?

Amor-próprio é amor romântico. Quando nos importamos profundamente com alguém, todo gesto é um ato de amor. Ao amarmos incondicionalmente, não há impulso para acusar ou se ressentir. Nosso amor não diminui por causa dos julgamentos feitos contra nós. Nosso amor é a essência de quem somos – é a nossa força *vital*. Então, por que negligenciamos nosso corpo? Deixe o corpo experimentar toda a beleza e maravilha ao seu redor. Quando você está abraçando a *vida* por completo e apreciando o seu corpo por tudo que ele lhe permite sentir, está acalentando o seu amigo mais próximo e íntimo.

Todos se sentem bem em torno de pessoas que têm verdadeiro amor por si mesmas. Estar na companhia delas é estimulante, até mesmo inspirador. Parece seguro. Seria maravilhoso se as pessoas tivessem esses mesmos sentimentos quando estivessem ao nosso redor. No entanto, é improvável que aconteça se não nos sentirmos confortáveis com nós mesmos.

Mais uma vez, não podemos dar o que não temos. Se não tivermos dinheiro para gastar, não podemos compartilhar nossa riqueza. Não podemos inspirar coragem se estamos sempre com medo. Então, faz sentido que seja difícil amar os outros se não nos amarmos.

Como qualquer caso de amor, o amor-próprio precisa ser nutrido. Como garantimos ao corpo que ele é amado? Damos a ele a companhia de que precisa, é claro – não apenas de outros humanos, mas do personagem principal de nossa história. O *eu* tem de se envolver de uma maneira cuidadosa. O *eu* tem de dizer uma palavra gentil de vez em quando. Com o tempo, pequenos gestos de apreciação se tornam automáticos. Com o tempo, vamos acordar todos os dias sussurrando palavras de encorajamento. Nós nos veremos em um espelho e diremos algo legal. Como qualquer animal de estimação ou criança, o corpo anseia por sons ternos e garantias íntimas. Ele ama gestos desavergonhados de afeição.

Há coisas que você pode fazer pelo seu corpo, começando hoje. Pode escrever cartas de amor para si mesmo e lê-las em voz alta. Dedique algum tempo às conversas entre a mente e o corpo. Ouça, e tranquilize. Ofereça carinho, afago e abraço de vez em quando. Coloque uma das mãos na bochecha e envolva o ombro com a outra mão. Fique assim por um tempo. Sente-se melhor? É claro. Abraços são maravilhosos, não importa o que pode ter dito a si mesmo. Esta pode ser a primeira vez desde a infância que você reconheceu a necessidade fundamental de seu corpo de ser tocado e apreciado – por você.

Seja boa companhia para o seu corpo. Tire um cochilo à tarde ou almoce tranquilamente, sozinho. Vá ao cinema. Comungue com a *vida*, dando um passeio em uma floresta ou em uma praia. Tire um momento de silêncio para assistir ao céu noturno. Dê muita música! Sua mente apreciará as letras e seu corpo balançará com a batida, a melodia, as reverberações da *vida*. O relacionamento mais importante do corpo é com a *vida*, não com seus pensamentos incômodos. Seu corpo é a fusão perfeita de matéria e energia. Seu corpo é a coisa mais real que você conhece.

Você pode fazer melhor no amor, começando com o que literalmente não pode viver sem. Diga ao seu corpo: "Eu te amo". Diga com frequência, e em voz alta. Diga, porque é verdade. Fale quando começar o seu dia. Ao se acomodar na cama à noite, coloque a mão na cabeça e diga o quanto você ama seu cérebro e tudo que está ligado ao cérebro. "Eu amo meu cérebro, meus ouvidos, meus olhos, meu nariz." Mova a mão até a boca, o pescoço, o peito, os ombros. Nomeie cada parte do seu corpo, e agradeça às partes que você não sabe nomear. Percorra todo o caminho até os pés, até os dedos dos pés. Esse ritual não demora muito, e seus efeitos são poderosos.

Tudo isso pode parecer estranho no começo, mas expressar amor é o que os humanos anseiam. Queremos senti-lo transbordar de nós, mas nos convencemos de que ninguém quer recebê-lo. Nosso corpo definitivamente quer. O corpo de todo mundo quer, mesmo que seu sistema de governo negue. Nós amamos porque o amor é nossa força energética. Dizer "eu te amo" nos traz de volta à verdade.

Sexo com outro ser humano também é um ato de amor-próprio, dando ao seu corpo aquilo de que ele precisa e desfruta. Quando fazemos amor físico, a voz em nossa cabeça fica em silêncio e nossas histórias são esquecidas. O *eu* é irrelevante – por um tempo. Amar a nós mesmos causa a mesma reação energética.

O amor incondicional a si mesmo é a definição do paraíso – começamos lá, lembra? O amor da sua vida não é seu cônjuge, seu amante ou seu filho. É o seu corpo físico, o seu país das maravilhas. Amar o seu corpo humano torna possível – até mesmo fácil – amar todos os seres humanos do jeito que você deveria.

Amar requer escuta, e uma resposta cuidadosa. Antes de seguir com raiva, considere como isso afetará seu sistema nervoso. Pare por um momento. Respire. Afaste-se da situação e ouça como está se comunicando consigo mesmo. Suas palavras são o comando do corpo. Você está fazendo acusações? Está se levando muito a sério? Se tudo é sobre o *eu*, então todo evento parecerá pessoal. Cada comentário precisará de uma resposta defensiva. Você está disposto a fazer isso com o seu corpo?

Certamente, pode usar suas energias de forma mais produtiva. Pode amar sem se preocupar em conseguir algo em troca. Seu corpo será muito grato. Você ficará surpreso ao descobrir que o amor vem naturalmente. Você pode descobrir que é muito generoso e que sua generosidade inspira gratidão a todos que o conhecem. A gratidão inspira generosidade, o que inspira mais gratidão. Isso descreve perfeitamente o amor em ação.

Gratidão e generosidade criam o relacionamento ideal entre sua mente e seu corpo. Bondade e afeto estimulam todo o seu sistema. Um pequeno elogio traz uma grande recompensa emocional. Por que não deixar que venha da pessoa que conta a história?

Não deixe que seus pensamentos se escondam de você e cresçam na escuridão até que estejam fortes demais para serem controlados. Quando não precisa defender suas opiniões, você é livre para ser autêntico. É livre para dizer não, sem penalidade. É livre para dizer sim, sem arrependimento. É livre para amar sem limites. É livre para se render à *vida*, ao amor. Não é o corpo físico que se entrega; é a mente desistindo de suas histórias. A mente rendida suaviza as próprias leis ou as expulsa por completo. Ela permite que o amor governe, sem interferência. De fato, tudo muda quando o personagem principal respeita e reverencia o corpo.

Quando nos amamos completamente, retornamos ao lugar que só conhecíamos da infância. Lembramos que o amor não tem condições e não precisa de justificativas. Lembramos a sensação do paraíso e desejamos apenas isso. O paraíso é o lar, e nunca é tarde demais para voltar.

17

AMOR PELA HUMANIDADE

O caminho de volta ao amor-próprio começa quando a mente quebra o próprio feitiço. Nossas crenças agem como uma fortaleza, nos defendendo de novos *insights*, mas as crenças são feitas de névoa e neblina. Quando não há mais nada a defender, a verdade é tudo que existe. Todos os grandes mensageiros reconheceram isso. Sua sabedoria era evidente em sua autenticidade. Ao longo dos tempos, os seres humanos mais autênticos deixaram os legados mais brilhantes.

Homens e mulheres sábios se distinguem desafiando o que sabem. Em algum momento, decidem dar uma olhada mais profunda na realidade, questionando o mundo que criaram na própria mente. Ousam ver as coisas como elas são, não como foram ensinados a ver. Evitam contar histórias antigas e confirmar crenças comuns. Recusam-se a deixar a memória ditar a realidade. Removem os antolhos e iniciam uma jornada em direção à consciência.

Buscar a verdade é um direito inato de todos e geralmente começa com a dúvida. "Eu achava que me conhecia, mas agora não tenho certeza. No que devo acreditar? Por que eu deveria acreditar em alguma coisa?" A dúvida começa com um processo de exploração, quando analisamos novamente as coisas que aprendemos como verdadeiras. "Eu costumava ter uma teoria sobre a vida... Alguma coisa era real?"

Se estivermos dispostos a permitir, a dúvida pode desmantelar uma estrutura de crença. Por que devemos fazer isso? Porque queremos limpar o absurdo e ver a verdade. A dúvida nos dá a chance de olhar em volta, observar a festa louca e decidir como queremos atuar dentro dela. Isso nos dá a chance de revisar o personagem principal, cuja voz ainda permanece em nossa cabeça – uma voz que pode não ter mudado desde a infância.

Você cresceu. Não é mais uma criança assustada. Quer ser emocional e espiritualmente maduro. Quer ser autêntico, porque representar a parte do personagem principal o deixou cansado. A dúvida revela suas mentiras. Desacredita suas histórias, até que você esteja pronto para deixá-las de lado e colocar toda a fé na sua verdade.

A solução para todos os conflitos é o respeito. Respeito significa o fim da guerra, dos abusos e dos tipos de crime que você comete rotineiramente contra si mesmo. O respeito traz paz ao seu mundo. O autorrespeito acabará por reescrever as leis que prejudicam o seu corpo. Transformará seu congresso e sua constituição. O velho estilo de liderança mudará para o bem do seu país. Não haverá mais intenções confusas, porque as palavras, suas melhores embaixadoras, transmitirão uma mensagem clara. Oferecerão conforto aos seus adversários, assim como aos seus amigos.

Respeito significa que você honra o direito de existir de cada país, ou corpo – começando com o seu próprio país. Por sua vez, se outras nações não forem capazes de respeitá-lo, devem encontrar outros aliados. Você não vai interferir no governo delas, e elas não precisam interferir no seu.

Respeito soa como uma solução simples, mas a maioria de nós não fez disso uma prática. Nossas defesas estão sobrecarregadas. São necessários atos deliberados de amor-próprio para derrubar nossos hábitos. É preciso uma revolução interna para superar nosso próprio conhecimento.

A Terra é o resultado de bilhões de anos de evolução. Os governos do mundo são o resultado de milhares de anos de evolução. Seu pequeno governo é quase tão velho quanto você, mas suas palavras e ações podem muito bem influenciar futuras gerações.

Considere isso quando se perguntar quem é você e como gostaria de afetar seu mundo. O presidente do seu pequeno regime pode tornar a vida uma prisão ou um paraíso. Cada momento que passa lhe dá a chance de decidir sobre seu estilo de liderança. Em quem você vota – o ditador ou o decisor iluminado – faz toda a diferença.

O *eu* nunca é o mesmo, porque nossa impressão da realidade continua mudando. Isso significa que o *eu* pode ser tão flexível quanto a própria realidade. O *eu* pode ser presidente de uma realidade abrangente, não apenas das partes confortáveis e familiares. O personagem principal pode resgatar o corpo ou governá-lo de forma imprudente. Ele pode aprender a duvidar de suposições automáticas e resistir à tentação de repeti-las. Com a prática, a prepotência começa a parecer antinatural. A autopiedade perde o apelo, e deixamos de encarar as coisas de maneira tão pessoal.

Neste momento, você está lendo estas palavras ou as ouvindo em voz alta. Isso significa que está convertendo símbolos falados em imagens mentais. As palavras não têm vida própria até que você as leia ou ouça. São coisas inanimadas até que a imaginação as conduza à vida.

Uma vez que você imagina algo, isso está vivo em uma paisagem virtual. Você lê, escuta e cria um mundo para que isso exista. Agora essas palavras e seus significados podem ser aplicados às suas ações. Se você escolher, pode fazer com que ideias ganhem vida no mundo de pessoas e lugares. Foi assim que você construiu sua realidade pessoal em primeiro lugar – observou, aprendeu e deixou o desejo guiá-lo. Construiu coisas reais com ideias. Usou os poderes da atenção, memória e imaginação para se tornar um ser humano único no sonho humano.

Como ao configurar um avatar em um videogame, escolhemos o personagem que queremos ser. Nós nos vestimos e munimos com armas ou estratégias de sobrevivência. Ao longo dos séculos, usamos livros, peças de teatro e filmes para desfrutar as realidades que não conseguimos reproduzir em nossa própria vida. A tecnologia de vídeo atual possibilita a interação com os personagens que criamos, bem como aqueles criados por pessoas que talvez nunca encontremos. O que podemos não perceber é que temos feito isso por nós mesmos o tempo todo – sem livros, sem tecnologia.

Demora anos para construir o personagem que você conhece como *eu*. Ninguém nasce com um senso intelectual de si mesmo. Como bebês, apenas somos. Vemos, sentimos e respondemos de todas as formas possíveis. À medida que aprendemos a usar palavras e a lhes dar significado, começamos a nos descrever. É claro que temos muita ajuda – as pessoas ao nosso redor, já hábeis em explicar as coisas, estão ansiosas para nos dizer quem somos. Elas nos descrevem de acordo com seus julgamentos, suas esperanças e como se veem em nós.

Então, pouco a pouco, começamos a imaginar o *eu*. Todos sabemos como as crianças gostam de brincar com ideias de si mesmas. Uma criança pequena pode passar um dia inteiro como um cachorro, latindo e implorando por guloseimas. As crianças se tornam cavaleiros e princesas em suas imaginações, criando ambientes para acompanhar esses papéis. Constroem fortalezas e castelos nas copas das árvores. Imaginam reinos inteiros e os governam com confiança. Todos nos lembramos de brincar com amigos imaginários, mas o amigo imaginário que nos acompanha sempre e a todos os lugares é o *eu*.

Como uma comunidade, a humanidade conta histórias clássicas de heróis e deuses. Na história que narramos sobre nós mesmos, cada um de nós é o herói – o herói derrotado ou o salvador. De acordo com nossa história, somos vencedores ou vítimas perseguidas. Parecemos autossuficientes ou desamparados, dependendo da atenção que desejamos. Nossos penteados e trajes mudam com o tempo, mas as crenças e os comportamentos acabam se instalando – até que escolhemos acordar, olhar verdadeiramente para nós mesmos e mudar o que não funciona.

Nosso comportamento habitual "não funciona" quando afasta aqueles que amamos. Uma crença não funciona se nos faz sentir mal. Uma ideologia não funciona se leva a obsessão, medo ou cinismo.

Temos usado o poder da imaginação para nos definir ao longo da vida. Podemos usar esse poder novamente para sermos a melhor pessoa possível no contexto de qualquer sonho. É importante ver onde estamos agora e como chegamos até aqui. Pense nos eventos transformadores da sua vida. Eles podem não ser aqueles que as fotos da família documentaram. Podem ter acontecido quando você estava sozinho; podem ter acontecido sem que você percebesse. Você tinha um pensamento, imaginou o mundo de maneira diferente por um segundo, e tudo mudou.

A mudança é frequentemente o resultado de realizações sutis. Você lê um livro ou vê um filme. Algo muda seu ponto de vista ou desperta sua curiosidade. Você ouve outra conversa e isso faz com que reflita sobre sua vida. Ouve uma música cuja letra vai diretamente ao seu coração, e nada é igual depois disso.

Incidentes como esses podem ter mudado o curso da sua vida. Podem tê-lo cutucado para uma nova direção ou ter lhe dado direção quando você não tinha nenhuma. Talvez tenha seguido expectativas ou tenha percorrido um caminho que já estava preparado para você. Não importa como os acontecimentos tenham se desenrolado, eles o trouxeram a este ponto, a este momento.

A *vida* nos ensina o tempo todo. Somos todos aprendizes nesse sentido, e podemos criar qualquer tipo de disciplina para nós mesmos. Podemos reservar alguns minutos todos os dias para nos lembrar da verdade – respirar calmamente, ouvir nossa voz interna e descartá-la. Nossos pensamentos documentam os eventos desse dia, os eventos de ontem, e especulam de modo indolente sobre eventos futuros. Não estão nos dizendo nada de novo ou algo que seja verdade.

As histórias que contamos sobre esta vida são ficção. O *eu* é o protagonista nesta obra de ficção. Quando o *eu* acredita em suas piores histórias, o medo e a paranoia dominam o corpo humano. Então parece que um demônio foi libertado. Todas as histórias sobre guerreiros espirituais tentaram ilustrar isso. O confronto final com o *eu* é o elemento-chave nas histórias sagradas. A história de Buda ilustra isso lindamente. Denunciar o *eu* como uma ilusão é o ato de um mestre espiritual. A história de Jesus encontrando o *eu* no deserto é uma lição clássica de consciência. Sua criação pode não parecer um demônio ou um santo, mas torná-lo ciente de si mesmo exige um esforço consciente. Todas as tradições contam a mesma história, cada uma com os próprios símbolos e personagens.

O mundo da mente é construído sobre um alicerce de símbolos, e é importante distinguir as formas por meio das quais cada símbolo explica o que é real. É importante ver como qualquer mente humana usa a imaginação para criar a própria versão da realidade. Na verdade, cada mente cria uma versão da *irrealidade*. Cada mente cria o próprio mundo virtual. E também pode recriá-lo. Pode escanear o próprio banco de dados de histórias, procurando por informações maliciosas, e se autocorrigir. Pode acabar com a estratégia de isolar o corpo humano, alienando-o e controlando-o da maneira que desejar. Julgamentos e críticas podem desaparecer. Fofoca e especulação podem desaparecer. Suspeitas e preconceitos – todas as nossas desculpas para odiar – podem desaparecer.

Os governos representativos precisam de um sistema de verificações e balanços. Nosso conhecimento pessoal, por tudo que inspira, deve ser desafiado. Nossos medos irracionais devem ser enfrentados e resolvidos. Não deve ser permitido a qualquer crença que induza a vergonha. Apesar das leis que instituímos, temos de ser livres para amar incondicionalmente.

18

MEDO E CONHECIMENTO

Uma das maiores barreiras ao amor é o medo. É claro que o medo é natural a todo organismo; serve para nos alertar do perigo e preservar nossa vida física. O medo irracional, por outro lado, é diferente. É o medo de algo que não existe. As crianças não podem dizer a diferença entre o medo real e o irracional, e é justo afirmar que o resto de nós também não pode. Temos um pensamento assustador e o corpo reage, percebendo um perigo real. Detectamos medo em outras pessoas e contraímos o vírus. Observamos suas reações e imitamos sua histeria. Entramos em pânico. *O que sabemos* claramente tem o poder de nos fazer mal.

Quando éramos crianças, não questionávamos o que sabíamos. Podíamos nomear as coisas que nos assustavam – trovão, escuridão, aranhas peludas. "Sabíamos" que havia criaturas sem nomes no porão. Sabíamos que eram reais, porque estávamos aterrorizadas com elas; e sabíamos que estávamos aterrorizadas, porque aquelas criaturas eram reais.

Mesmo agora, sabemos quando e por que estamos com medo. Saber estimula mais medo, e o medo confirma o que sabemos. Isso parece um círculo interminável, não é? Portanto, devemos desafiar nosso conhecimento. E temos de enfrentar o medo mais cedo ou mais tarde. Quanto mais esperamos, maiores ficam os medos.

Enfrentar o medo traz clareza. Clareza, por sua vez, reduz o medo – o que nos permite desligar a luz do quarto sem nos preocupar com demônios nas sombras ou ogros debaixo da cama. O que é real? Não são reais os medos irracionais e as histórias nas quais há muito tempo acreditamos sobre nós mesmos e nossa relação com a *vida*. Admitir o que *não é real* nos leva por um longo caminho em direção à consciência pessoal.

Sabemos que crenças se adaptam a novas circunstâncias; mudam e desaparecem. Quanto mais aceitamos uma crença como uma escolha, menos poder nossos medos têm sobre nós. Com menos medo, nossa confiança se fortalece; e, com mais confiança, melhor desafiamos nossas crenças. Vemos o que são, e sabemos instintivamente que não são reais. Podemos descartá-los se quisermos. Também sabemos quando paramos de ter medo. Sabemos quando estamos felizes e quando nos sentimos seguros. Então, *o que sabemos*, nesse sentido, também pode nos salvar.

Primeiro, precisamos aceitar que estamos com medo. O medo muitas vezes passa despercebido, e apenas nossas ações nos dão uma pista. Desafiar o medo significa encontrar sua fonte e depois observar mais fundo. Significa que desculpas não são aceitáveis. "Bem, minha mãe costumava dizer..." não justifica as crenças que nos acompanham até a idade adulta. "Sou assim desde o meu acidente..." não explica por que ainda estamos com medo e infelizes. "Me disseram que estou muito nervoso" geralmente significa que fizemos as pazes com nossas ansiedades.

Nós nos apegamos ao medo por muitas razões. Mantemos velhas crenças porque se tornam confortáveis. A mudança é inconveniente e traz muitas surpresas. Queremos que as coisas continuem as mesmas. Queremos que nossas fobias nos definam. Em muitos casos, não sabemos quem seríamos sem nossos medos. Pode ser também que nunca chegássemos a nos despedir deles.

Se estivermos prontos para mudar, há coisas que podemos fazer. Conseguimos ser muito mais honestos com nós mesmos, por exemplo. É possível confessar nosso apego ao medo ou às crenças que nos causam medo. Ouvir outras pessoas falarem sobre seus medos muitas vezes ajuda. Oferecer conforto a alguém também é útil. Costumávamos fazer isso intuitivamente quando crianças – pegando a mão de um amigo em uma estrada escura ou confortando um filhote durante uma tempestade.

Ainda podemos ajudar uma criança a verificar se há duendes embaixo da cama. É possível olhar debaixo da nossa própria "cama". Podemos imaginar o pior, apenas para descobrir que o pior não é tão ruim. Podemos enfrentar nosso próprio medo por causa de um amigo. Amigos são capazes de enfrentar duendes juntos. Podem crescer e se tornar mais fortes dando confiança uns aos outros.

O medo, sem ser questionado, controla a nossa vida e conduz nossas ações. Costumamos dizer que temos medo de outras pessoas – um parceiro, um chefe, um estranho. Na maioria dos casos, temos medo de nossas próprias reações. Temos medo de como o *eu* reagiria a qualquer situação, do que faremos para nos decepcionar, confundir ou trair. Seja qual for o motivo, temos medo – e deve ser culpa de alguém.

Quando culpamos eventos, pessoas ou Deus por nossos problemas, estamos fazendo papel de vítima. Como aqueles caçadores primitivos em uma noite sem lua, somos incapazes de nos salvar. A raiva não nos torna mais capazes. A autopiedade não faz com que sejamos admirados. Quando nos distanciamos do problema, ficamos ainda mais longe de uma solução. O fato é que somos o problema. Sem que tenhamos culpa, somos a confusão. E também somos a única solução.

Acordar e enxergar é o presente que nos damos. Fazer algo sobre o que vemos é a nossa salvação. A consciência é um presente da *vida* aos mortais. Hércules poderia ter pedido a Zeus por dons de poder, mas só ele, Hércules, poderia decidir como usar o poder com sabedoria.

Não importa o que façamos na vida, somos todos exploradores em busca da verdade. Ouvimos a verdade em histórias clássicas e conversas comuns. Evoluímos como indivíduos quando nos desafiamos a enxergar. A humanidade evolui no momento em que desafiamos o que sabemos. As pessoas acreditavam que o Sol girava em torno deste planeta. Tínhamos certeza de que, se viajássemos para longe o suficiente, cairíamos da Terra. Sabíamos o que temíamos. Temíamos o que sabíamos.

A mente constrói a própria casa com ilusões – brilhantes e sombrias – a partir do momento em que começamos a falar e pensar. Tudo vai bem até que as expectativas sejam esmagadas. Tudo parece ótimo até que nossos desejos entrem em conflito com os desejos dos outros. Tudo vai bem até que nossa realidade inabalável seja abalada, e então o pânico se instala. Crenças rígidas se quebrarão em breve.

Assim que um terremoto virtual acontece, o corpo estremece e as emoções irrompem na superfície. Todos sabemos, porque passamos por isso muitas vezes. Dizemos que fomos decepcionados no amor ou traídos por um amigo e reagimos. Nós nos comportamos mal. Por acharem que estão ajudando, entes queridos apoiam nossas piores histórias. Confirmam nossos piores medos. Também ficam indignados e sugerem que procuremos algum tipo de vingança – e nós os ouvimos.

Quanto mais nos envolvemos na história, mais difícil é enxergar claramente. Quanto menos vemos, mais medo temos. Quanto mais medo temos, mais nos apegamos às nossas histórias. Conhecimento e medo trabalham de mãos dadas. À medida que nos tornamos mais irracionais, o corpo sofre ainda mais.

Ideias antigas e maus hábitos continuarão a nos ferir se não nos permitirmos um pouco de encanto. Um coração partido pode permanecer assim a vida inteira se não reconhecermos o presente que ele traz. Se um amante nos decepciona ou nos rejeita, ficamos de coração partido. Se tivermos de sair de uma escola amada, ficaremos de coração partido. Se uma crença é refutada ou nossa imagem de alguém é destruída, ficamos com o coração partido – mas não é o coração que se parte. O que se parte é a certeza absoluta da mente. O que é ameaçado é o personagem principal, tão seguro do *eu*. Quando a realidade virtual recebe um golpe, o corpo responde em choque.

O que as pessoas chamam de coração partido é o resultado de uma colisão frontal com a verdade. É uma oportunidade perfeita para uma consciência real. "Não aconteceu do jeito que eu imaginava", podemos nos dizer. "Ela não é a pessoa que eu achava que era." "Ele não é o homem com quem me casei." Essas revelações são ditas muitas vezes com tristeza e pesar, mas são importantes. Nelas, ouvimos a dúvida no *eu*. Sua realidade foi desafiada. É quando a mente tem a chance de se encarar e enxergar as próprias ilusões. O amor não nos fere. O amor não é culpado pela nossa dor, e o amor nunca é uma desculpa para sofrer.

Seja qual for o drama, ninguém é culpado. Temos a chance de ver as coisas como elas realmente são, em vez de como queríamos imaginar. Isso é bom, mas a resposta típica à decepção é se tornar rancoroso. Temos pena de nós mesmos e queremos que todos também tenham. Isso fere o corpo e distancia ainda mais o que é real do que imaginamos ser real. Em outras palavras, estamos novamente mentindo para nós mesmos.

Ficamos desapontados quando os outros não conseguem viver de acordo com nossas fantasias. Os amigos não atendem às nossas expectativas, e nos sentimos enganados. Os amantes não conseguem alcançar nossos padrões, e nos sentimos rejeitados. As pessoas não são o que achamos que são, mas será que é culpa delas? Queríamos imaginá-las do nosso jeito, não importava o que as evidências dissessem em contrário. Em vez de sentir autopiedade, podemos sentir gratidão pela chance de despertar. Em vez de focar no que não estava lá, podemos começar a focar no que estava.

Todos aprendemos a chamar atenção contando uma boa história. Atenção é do que todos nós gostamos, e contar uma história dramática é uma ótima maneira de obtê-la. Aprendemos exatamente quais partes contar a um público específico. Nós o fizemos rir. Nós o fizemos chorar. Somos bem-sucedidos em atrair outras pessoas para o drama da nossa vida, porque acreditamos nisso.

Nós nos identificamos por meio de nossas histórias, e, quando uma história é desafiada, nos sentimos ameaçados. "Se isso não for verdade, o que mais sobre mim não é verdade?", nos perguntamos. "Se eu não sou eu, quem sou eu?" Se uma coisa é falsa, então nada pode ser verdadeiro. O corpo ouve essas mensagens e fica ansioso. "Quem está dirigindo essa máquina?", poderia justamente se perguntar. "E para onde estamos indo?"

As pessoas vêm de diferentes culturas, mas todos temos uma coisa em comum. Direcionamos energia preciosa ao ser que dizemos que somos. Nós nos distraímos e nos afastamos da verdade. Deixamos o medo nos controlar. Nós nos esquivamos de perguntas e damos álibis. Isso não é maturidade espiritual, ou maturidade de qualquer tipo. No entanto, como as crianças que fomos um dia, podemos enfrentar nosso medo. Podemos caminhar pela existência de uma forma que nunca achamos que poderíamos. Podemos crescer.

Há a possibilidade de mudar as regras pelas quais vivemos, porque criamos essas regras. Podemos ver a *vida* em sua totalidade, não através dos "olhos" de um personagem previsível. Qualquer um pode aprender a ver, explorar e descobrir o que é real. Como turistas ávidos em um país estrangeiro, todos nós podemos adquirir um apreço por coisas exóticas. Em outras palavras, a mente pode desenvolver um apreço pela verdade.

Ela quer? Desde que acreditemos que estamos representando com exatidão a verdade, por que devemos desejar algo diferente? Por que não podemos simplesmente ficar bêbados e nos manter assim? Bem, pense nisso por um segundo. Bêbados de qualquer tipo não gostam de si mesmos, e não veem muito o que gostar da vida. Mentem para as pessoas próximas e se autoenganam. Bêbados são o que vínhamos sendo, e agora queremos outra coisa.

A maioria dos bêbados provavelmente preferiria estar sóbria. Eles preferem ver claramente, respirar ar fresco e sentir o sol em seu rosto. Preferem sentir o toque da verdade, e não apenas especular sobre isso.

Querem ser os melhores humanos que podem ser, mas como fazer isso?

19

PAZ EM NOSSO TEMPO

Há uma razão para essas pérolas de sabedoria seguirem perguntas importantes. Perguntas são convites. São prelúdios para ação. Oferecem uma chance de romper medos e barreiras do conhecimento aceito.

Às vezes ouvimos uma ideia que é estranha aos nossos ouvidos, mas ainda ressoa como verdade. Ficamos animados e queremos mais. Escutamos mais de perto ou lemos mais adiante. Rearranjamos nosso pensamento para incluir aquela perspectiva. Uma nova teoria nos coloca em uma aventura filosófica, e, como qualquer aventura, tem seus elementos assustadores. Se fizermos esse passeio, quase certamente acabaremos em um lugar diferente. Nossa visão de mundo será transformada, e aprenderemos coisas sobre nós mesmos que não sabíamos. Sim, parece assustador, mas também estimulante.

A maioria de nós ama explorar novos mundos. Amamos até sentirmos que estamos perdendo o *eu*. Alguns alcançam um ponto nas excursões espirituais em que não se reconhecem mais. Normalmente, ocorre quando nos assustamos e acabamos com toda a aventura. Desistimos. Ficamos meio tontos e voltamos para a festa.

Se estivermos dispostos a continuar, é aí que a verdadeira aventura começa. É quando a *vida* começa a brincar conosco – conversando conosco e nos chamando em nossos sonhos. Novas informações começam a vir de todos os lugares. Lemos coisas, ouvimos coisas e reagimos de maneira diferente. Olhamos para tudo com novos olhos. As palavras naquele letreiro pelo qual passamos todos os dias começam a soar sábias. Comerciais bobos de televisão revelam um conhecimento secreto. Conversas entreouvidas em restaurantes parecem transmitir mensagens profundas. De repente, estamos decodificando os enigmas da *vida*, um de cada vez.

Como qualquer cientista comprovará, procurar respostas traz revelações inesperadas. A curiosidade abre portas invisíveis e oferece perspectivas surpreendentes. Vamos dormir com uma pergunta e acordamos com uma nova perspectiva. Não é que as informações que recebemos sejam realmente novas, é apenas que, de repente, nos permitimos recebê-las.

A *vida* é a portadora da informação – por meio de palavras, imagens ou uma música de sucesso no rádio.

Ela nos fala continuamente a verdade, de modo incansável, em geral sem palavras. Sem disposição para dominar a nossa própria atenção, perdemos muito. Quando nos fixamos em algo, ficamos cegos para todo o resto. Ao darmos boas-vindas a uma ideia diferente, ainda que com relutância, a realidade começa a mudar. Nossa imaginação se acende e temos um vislumbre da verdade.

Podemos imaginar a eternidade, o infinito e a imortalidade. Podemos sentir a magnitude da força do amor. Somos frequentemente transportados quando imaginamos Deus. No entanto, se abrirmos os olhos, vemos Deus aqui diante de nós: vemos a *vida* irradiando de tudo. Testemunhamos o amor em ação – em todo lugar. Sentimos energia. Sentimos nosso eterno e infinito poder se movendo através de toda a matéria.

A maior arte da humanidade é sonhar conscientemente – usando a linguagem da mesma forma que um artista usa pincéis e tintas. Somos o artista do nosso sonho e o ponto focal em qualquer paisagem que escolhermos imaginar.

Fomos feitos para acordar e enxergar o que está ao nosso redor. Fomos projetados para mudar e evoluir. Nosso corpo físico nunca para de mudar. A energia nunca permanece a mesma. Ainda assim, tentamos nos definir da mesma forma ao longo dos anos de nossa vida. Realmente preferiríamos não acordar?

Todos sabemos como é acordar, já que o fazemos todas as manhãs. Olhos ainda fechados, ouvimos sons e deciframos seu significado. Ouvimos e sentimos nosso corpo se mexer. Sentimos a energia, dentro e ao redor de nós, de muitas formas diferentes. Respirando de forma consciente, nos movemos, nos alongamos e sentimos a maravilha de sermos humanos. Então abrimos os olhos.

Você se lembra da primeira vez? É fácil imaginar abrir os olhos pela primeira vez. Nós o fizemos como recém-nascidos, e o fizemos repetidamente ao longo da vida. Toda vez que acordamos de uma noite de sono, de um cochilo – toda vez que nos despertamos de um devaneio –, temos uma chance de ver pela primeira vez.

Feche os olhos e o mundo desaparece. Abra-os novamente e tudo que você vê é um milagre. Tudo que você ouve é uma vibração íntima de energia, uma saudação da *vida*. Acordados e conscientes, podemos ver o mundo como é, e reagir autenticamente a ele. Não é mais fácil do que ter de se lembrar do papel que você está desempenhando a cada minuto do dia?

Quando os olhos se abrem, o cérebro começa a registrar imagens, e a mente chega a conclusões rápidas – começa a contar uma história. Tudo isso acontece porque a luz entrou em nossos olhos. Na verdade, tudo que de fato vemos é luz. Tudo que alguém vê é luz, tocando objetos e saltando de objetos. O resto é uma história. O resto é um feitiço lançado por um mágico talentoso. É preciso um feiticeiro dedicado para quebrar esse feitiço feito por você mesmo. É preciso alguém disposto a acordar, abrir os sentidos e enxergar.

Todos são movidos por um sonho contínuo e todos têm o poder de conduzir esse sonho a uma nova direção. Todos têm uma chance de alterar a mensagem.

Anjo é outra palavra para mensageiro. A forma como reagimos às pessoas e ocorrências nos torna os anjos que somos. Podemos nos sentir como anjos relutantes, anjos desonrados ou anjos em recuperação, mas estamos aprendendo a transmitir a mensagem da *vida* por meio de nossas palavras e ações. A cada revelação, nos tornamos mais conscientes da mensagem da *vida*. Aprendemos a ver uma imagem mais ampla do mundo. Enriquecemos nosso relacionamento com todas as coisas.

Paz significa estar livre de perturbação. Em escala global, significa que não há guerra entre nações. Significa que diferentes culturas se dão bem; suas tradições são respeitadas e suas crenças, toleradas. Paz significa que um governo não busca derrubar ou impor seus princípios a outro.

Paz significa a mesma coisa para você, para mim e para todos. Significa um fim para o caos em nossa mente. Significa que acabamos com nossa guerra por ideias, uma guerra que nos causa confusão e inquietação. Não queremos impor nossos princípios a ninguém ou desrespeitar as crenças e tradições de outras pessoas. A paz que criamos em nosso tempo, em nosso universo, tem uma influência duradoura. Assegura a nossa sensação de bem-estar e afeta a segurança e o bem-estar do mundo ao nosso redor.

Você pode estar insatisfeito com a vida ou frustrado com a maneira como as coisas estão seguindo agora. Pode sentir que não tem controle sobre nada – nem seus amigos, seus filhos ou sua realidade. Talvez você se pergunte o que faz os outros fazerem o que fazem.

Talvez você tenha percebido que não sabe tudo, e você não pode saber tudo.

"Eu não sei" é uma virada de jogo. Quando desiste de ter de saber ou de precisar estar certo, você se sente imediatamente mais leve. Desista de suas histórias. A mente não é o chefe de nada, nem quer ser. Deixe a *vida* assumir a partir daqui.

Vida é energia, verdade, intento. Nenhuma imagem que você tem de si mesmo pode se comparar a sua verdadeira energia e poder. Não importa o quão sinceramente são faladas, palavras não podem expressar a verdade. Você é energia vivendo dentro de um ser humano. Você é a verdade, embrulhada em uma história fantasiosa.

Em essência, esta é a história de uma mente que desperta. Como a maioria de nós, você só consegue se ver de um jeito até usar o poder da atenção para enxergar muito mais. Você acredita em um reflexo até aprender a se ver em tudo. Confie completamente na verdade, e você sentirá todas as suas mentiras desaparecerem.

A maioria de nós confia na natureza. Nós nos sentimos confortáveis na natureza, mesmo em um parque na cidade. Apreciamos a companhia desinibida dos animais e a serenidade das árvores. Isso pode parecer estranho, considerando que a natureza pode nos prejudicar. A natureza pode se tornar violenta. Pode devastar uma floresta ou derrubar uma montanha. Os animais sujam nossos tapetes e mordem nossos parentes. Ambos são imprevisíveis e, em muitos aspectos, instáveis. O que é tão reconfortante em relação a isso? O que há para confiar?

Confiamos na autenticidade. Animais e árvores não se escondem atrás de uma história. A *vida* governa os oceanos e as cadeias de montanhas; nossos pensamentos, não. Somos relutantes em nos ver como parte da natureza. Em vez disso, nos vemos como rivais da natureza, como turistas em uma paisagem natural. Como turistas, nos maravilhamos e nos deslumbramos. Admiramos a inteligência das árvores e a sensibilidade das gotas de chuva. Sentimos que o mar e o céu sabem alguma coisa que não sabemos e que a natureza tem um poder secreto que nos falta.

Há apenas a *vida* e seus inúmeros pontos de vista. É um desserviço à *vida*, à verdade, pensar que somos separados disso. É contraproducente negar o poder e a magia da *vida* em nós mesmos.

Quer escutemos ou não, nossa tagarelice interna aumenta o estresse que o corpo sente. Isso afeta nosso humor. Altera a forma como lidamos com outras pessoas e nos faz lutar apenas para passar o dia. Tanta coisa está acontecendo em nossa mente que dificilmente conseguimos tomar decisões ou ter conversas claras.

Incapazes de conter a história interior, falamos sobre nossos problemas, necessidades e frustrações. Expressamos nossas opiniões em voz muito alta. Atraímos a atenção de todos para o *eu*. O que achamos que sabemos nos consome. O que outras pessoas sabem nos contamina. Nosso foco está nas notícias, nas especulações, mas não na verdade. Nosso corpo se vicia no drama, o que só nos deixa mais famintos por mais drama, mais fofoca e conspirações.

Internamente, estamos nos punindo por nossos delitos e nos culpando por nossos contratempos. Carregamos memórias para todos os lugares a que vamos, mesmo que seu peso seja insuportável. Nossos olhos estão no passado e nossas imaginações voam para o futuro. Isso nos torna impermeáveis ao presente. Então nos esquecemos de ser gentis, nos esquecemos de dizer olá a um estranho ou de ouvir um amigo. Nós nos esquecemos de ser bons para nós mesmos.

Tudo isso pode ser revertido. Podemos nos permitir dar amor generosamente – porque o amor é a nossa verdade. Não tem limites. O amor é a nossa energia. Não nos custa nada nos respeitar sem procurar justificativas. Não nos custa nada respeitar a todos que encontramos, porque toda a matéria foi criada a partir do mesmo mistério. Todos os humanos nasceram inocentes de crimes. Todos sobrevivemos até este ponto, nos curvando a leis tácitas e resistindo ao barulho de nossos próprios pensamentos.

Por puro potencial, fomos concebidos e criados. Sobrevivemos a todas as provações da infância e às pressões do sonho humano. E estamos aqui, agora, imaginando e querendo, porque sabemos que há coisas que ainda podemos aprender. Sentimos que há uma maneira melhor de ser humano.

Fomos abençoados com um cérebro e um sistema nervoso que nos permitem receber informações diretamente da *vida*. Somos capazes de criar um mundo virtual de maneira instantânea. Não é fixo; é fluido. Nossa realidade pode ser remodelada; o corpo humano responderá a novos acordos. Nossas emoções não precisam responder à liderança desajeitada. Nossos pensamentos podem ser acalmados. Cada um de nós pode refletir a verdade por meio de palavras e ações. E isso – vamos aceitar – é um incrível superpoder.

20

POSFÁCIO

Apesar de todo o trabalho, o menino da nossa história foi para casa sem moedas no bolso – mas não foi por essa razão que fez um esforço tão heroico para ajudar um velho com sua carroça. Ele o fez por amor; ele o fez porque o amor era a verdade de quem ele era. Cada palavra dele era uma mensagem de amor de seu pequeno país para um desconhecido. Ele voltaria para casa melhor por ter construído uma ponte entre dois seres humanos.

Enquanto sua vida se desenrola, ele enfrentará desafios. Pode aprender a travar guerras desnecessárias na cabeça. Pode se juntar ao grupo de bêbados e impor suas crenças a outras mentes. Pode nunca enfrentar seus medos ou questionar o próprio conhecimento. Sua verdadeira natureza pode se corromper, fazendo com que se desencante consigo mesmo.

Ele também pode acordar. Se lembrar das palavras do velho, pode encontrar o caminho de volta ao paraíso. Pode se lembrar de amar incondicionalmente, como alguém que realmente ama a si mesmo. Pode aprender a moldar a realidade como um artista.

As coisas são do jeito que são no mundo não por estarem certas ou erradas. Naturalmente, há coisas que todos somos capazes de fazer melhor em prol de nossa felicidade pessoal. Podemos nos libertar de nossas tiranias e nos dar a sensação de segurança pela qual ansiamos. Porque somos livres não significa que outros "países" serão livres. Não significa que outros líderes sejam conscientes ou responsáveis. A escolha pela transformação pertence a cada indivíduo. Podemos nos guiar em direção à independência pessoal, mas não devemos coagir ninguém a nos seguir. Nossa jornada de volta à autenticidade é só nossa e não deve ser usada como uma desculpa para pressionar membros da família ou amigos queridos.

A qualquer momento, podemos acordar e ver a totalidade do que somos. Podemos ver a *vida* como ela é e aceitar tudo que vemos, mostrar como a verdade anda e fala no mundo sem tentar governar os outros. Podemos oferecer nossa presença – não nossas regras – para demonstrar o melhor que um ser humano pode ser.

Não temos de nos imaginar mais agressivos ou desamparados do que somos. Na verdade, seremos mais felizes se não o fizermos. Seremos mais capazes de enfrentar surpresas e reviravoltas diárias sem nossas velhas ilusões. Podemos ser gratos, seja qual for o problema. Não importam as circunstâncias, podemos viver permanentemente no paraíso. Tendo reconhecido o que não somos, podemos viver cada momento como verdade, como energia. Podemos perceber como a *vida* percebe, desfrutando de todos os pontos de vista.

Cabe a cada um de nós apreciar o personagem principal da nossa história como uma obra de ficção. Cabe a cada um de nós criar uma obra-prima por estar ciente do que é. A voz em nossa cabeça está destinada a evoluir. Por meio da transformação do personagem principal, podemos ter uma influência amorosa na vida daqueles que nos cercam. Podemos tornar as palavras impecáveis novamente. Por intermédio do *eu*, podemos transformar nossa realidade pessoal.

Então, por favor, ajude o *eu* a mudar seu mundo.

Editora Planeta Brasil | **20** ANOS

Acreditamos nos livros

Este livro foi composto em Bembo Std e impresso pela Gráfica Santa Marta para a Editora Planeta do Brasil em fevereiro de 2023.